Тўрамирзо ОРИПОВ

ЎЗИМГА НАСИҲАТ

(Ўзимга насиҳат туркумидан)

© Turamirza Oripov

Ozimga nasihat (ЎЗИМГА НАСИҲАТ)

by: Turamirza Oripov

Edition: July '2024

Publisher:

Taemeer Publications LLC (Michigan, USA / Hyderabad, India)

ISBN 978-93-5872-348-9

9 789358 723489

© **Turamirza Oripov**

Book	:	Ozimga nasihat (ЎЗИМГА НАСИҲАТ)
Author	:	Turamirza Oripov
Publisher	:	Taemeer Publications
Year	:	'2024
Pages	:	172
Title Design	:	*Taemeer Web Design*

СЎЗИ БИЛАН СИЙРАТИ БИР

Ҳозирги замонамиз адабиётига келсак, мен оқшомга ўхшатаман. Унда тўла юлдузлар, энг ёруғлари кўзга ташланиб, тилга олинади.Тўрамирзо оғамиз ўша ёруғ юлдузлардан бири. Лекин ҳар осмонга қараганда ҳамма юлдузни кўрамиз. Тўрамирзо ҳожи ота билан биз бир неча йиллик қадрдонмиз. Инсоннинг қандайлигини қўшни бўлиб ҳам билмайсиз, сафар чоғида биласиз. Биз бирга, Қирғизистон, Қозоғистон сафарларида бўлдик. Тўрамирзо оғанинг мардлигинингўзи бир китоб. Масалан, бир мошинада бўлсак, йўл пулини дарров ўзи тўлаб юборади. Булар оддий бир йўл-йўлакай бўлган ходисалар. Айни ижодига келадиган бўлсак, кўш сатрларда жўшқин ижод қиладиган оғамиз, самарали ижод қилди деб ўйлайман. Ижодидаги йўналиш, алоҳида овоз

3

ўз ёшига муносиб овоздир.

Шеърларида шукроналик, ёшларга насиҳат, ватанпарварлик, инсонпарварлик ва уммуммиллий ва умумбашарий мавзуларга қаратилган. Шундай содда, лекин замирида ҳаёт ҳақиқати қоришга мисраларга назар солсак:

- Мўминнинг мўминда ҳаққи бор,
Буни ҳамма билмоғи даркор.
Саломларга алик олинглар,
Катталарга қулоқ солинглар.

Бу ерда қадимий урфларимизга урғу берган. Ҳозир оддий салом-алик йўқолиб бормоқда. Уни бу оломонга ҳайқириқлар эмас, оддий сўз билан англатиб етмоқда.

Устоз ва шогирд анъаналари ҳам ниҳоятда гўзал тарзда давом эттирадилар. Шогирдарга яъни ёшларга доим меҳрибон бўлган. Уларга керак жойларида ҳеч кўмагини аямаганлар. Яна бир хислатини айтиш мумкинки, меҳмондўстликда тенгги йўқ.

Мен ҳам у даражада бўлолмаслигим аниқ. Тўрамирзо оғанинг дўстлари кўп. Улар ҳуддики чинор япроқларидек қалин ва мустаҳкам.

Ким бўлсанг бўлгину,

Бўлма дилозор.
Сенинг ҳам дилингни,
Оғритгувчи бор.

Бу ҳуддики огоҳлик кўнғироғидек чиринглаб туради. Ҳожи оғамнинг ҳали мақсадлари кўп. Ижодларига барака тилайман. Қатор китоблари тақдимотида бирга бўлайлик.

Элдорбек Татиев
Қозоғистонда хизмат кўрсатган маданият ходими.
Германия Адабиёт ва санъат академиясининг академиги.

Наманган мисли гулзор

Бугун ўзгача тароват,
Бу диёрда, яшаш бахт.
Бундан турфа гуллар бор,
Наманган мисли гулзор.

Жуда ширин, шеваси,
Олма, Анор меваси
Ишбилармон, тадбиркор,
Зўр шижоати бор.

Тўқувчи, косиб, чевар
Барча касбини севар.
Наманганим ҳур макон,
Сен бугун, гулларга кон.

Голланд гулларин курдим,
Дубай гул боғин курдим.
Голланд, Дубай боғлари,
Ўзгача ҳинд гуллари.

Ўзимизда беқиёс,
Сара, аъло навлари.
Эсмоқда гул ифори,

Бемор ким, тегар кори.

Халқим меҳри чин тоза,
Ҳар соҳада овоза.
Наманганда боғбонлар,
Гулларга битиб жонлар.

Зўр мўъжиза яратар,
Сўнг, донғини таратар.
Чеварлари ягона,
Рўй, заминда бир дона.

Бренд ярата олган,
Дунё аҳли лол қолган.
Бугун қура ташланди,
Гул байрами бошланди.

НИЯТНИ ЯХШИ КИЛ

Дардингни ҳаммага овоза қилма,
Сени яхши кўриб Бир синов берса.

Сабр қил, ҳеч қачон, ношукр бўлма,
Тавбалар қил банда, ўзингдан кетма

Яратар қайтадан Тангрим хоҳласа,

Биз ҳеч киммасмиз агар истаса.

Дуолар ижобат бўлади дилдан,
Зикрни қўймасанг, доимо тилдан

Хоҳлади зиндонбанд Юсуфга, тожни
Буюрди бандага ибодат, ҳажни.

Хоҳлади Сулаймон жонзотлар тилин,
Ўрганди тиллашди, бўлиб кўп яқин.

Инсонга илм, фан калитин тутди,
Инсон-чи кибрни йўлини тутди

Хоҳласа дуолар бўлар ижобат,
Хоҳласа ёғдирар сенга фалокат.

Хоҳласа гунохларингни кечирар,
Тоғдек улкан бўлса хамки ўчирар.

Қалби пок бўл, бўлсанг саришта
Ниятинг ёзади, икки фаришта.

Тўрамирзо ўзгар истасанг Жаннат,
Жаннатга тушмоқлик инсонга бу бахт.

Қутқарувчи

(Фавкулодда вазиятлар вазирлиги Қутқарувчиларига бағишлайман)

Миллати, кавми, динидан каьтий назар,
Дилга дил, жонига жон, жисмига қувват қутқарувчи.

Ғамликни кўрса, ғам босар, хуррамни эса хуррам бўлур,
Қатра нам кўрса кузида, унга хамдам қутқарувчи.

Гар тикан кирса, кимгадир санчилур унга хам,
Даво излагай унга, малҳам бўлур қутқарувчи.

Қанча офат лашкари қилганда хам дахшатли хужум,
Элни сақламоққа тайёр қутқарувчи.

Ниятидан доимо тинчлик - омонлик тиловчи,
Эл хизматига бел боғлаган қутқарувчи.

Барча ҳавас бирла назар ташлар, унинг касби - корига,
Аммо, хар ким була олмас қутқарувчи.

2005 йил 4 март

ОНА ВАТАН

Кўп давлатларни кездим,
Она Ватан танҳолигин сездим.

Ҳеч Юртда туймадим, тандир ҳидини
Кўрдим элатларнинг урфин, дидини,

Зиёратлар қилдим, аммо топмадим,
Илм китобини, очдим, ёпмадим

Аллоҳим кечир бандангман,
Оддий бир гумроҳ, кечир гуноҳларим.

Қанчалик чиройли бўлмасин, дунё
Кўргандекман, энди илк бора гўё,

Наманган олмаси, Қува анори,
Фақат ўзимизда, бўларкан бари,

Меваларинг ажиб, таъми ўзгача.
Ҳушхўр - баҳордан то кузгача.

Инсонлари, айтсам, ширин сўз бари,

Юртида хам, ҳатто меҳмон сингари.

Норин дарё, тиниқ сувлари зилол,
Қизлари хам гўзал, ой юзлари бол.

Тўрамирзо, оша чустнинг ошини,
Қўйгил, ўша Швед столини.

Дўстларим

Хаста бўлсам, хол сўраб
Дарҳол давосин излаб.
Шифокору, табиб топган,
Ҳамма томонга чопган.

Қўлинг ишга бормас дард,
Бехосдан келгани пайт.
Баттар бўл, дейди номард,
Агар тортиб қолсанг дард.

Дўстим дер: бўлма таслим,
Соғлигинг дейди муҳим.
Дўстларга минг ташаккур.
Дўстлар борига шукр.

Тинмай олишар хабар,
Мабодо бўлсанг бемор.
Мен қачон хабар олдим,
Дея ўйларга толдим.

Танинг бошқа дард билмас,
Ўзгаларга билинмас.
Қараб туриб кўзингга,
Тупуришар тузингга.

Кимлар амалга ошно,
Кимлар пулинга ошно,
Гоҳо қоламан ҳайрон,
Адаштирганда шайтон.

Баъзилар алдаб қўяр,
Кулиб кўзингни ўяр.
Қалбимга жойла иймон,
То танамда бордир жон.

Сенга этгум илтижо,
Ўзинг асрагин Аллоҳ.
Тўрамирзодир исмим,
Сенсиз Тангрим, мен ҳеч ким.

Ҳаж қилмоқни насиб ет Аллоҳ

Маккага келиб зиёрат қилмасам,
Мени кечиринг Муҳаммад (С.А.В).

Макка куёш бўлса, Мадина ойдир,
Мадинада инсон иймонга бойдир.

Аллоҳим Каъбангни тавоф қилайин,
Ўзимга, юртимга ният тилайин.

Маккада Каъбани қурдирдирган ўзинг,
Пайғамбарга ваҳий, амринг ва сўзинг.

Чорладинг, ҳимматинг, келдим лаббайлаб,
Олисми ё яқин келдим атайлаб.

Ўзингдан сўрайман кўпдир гуноҳим,
Ўзинг суянганим, ўзинг паноҳим.

Расулинг равзаси йиғлагим келди,
Саждада ажиб бир шаббода елди.

Бу дунё ўткинчи ўзингсан ҳаққон,
Ҳар мавсум, келгум бор, умра, Ҳаж томон.

Юрагим садпора, юрагимда ғам,

Абубакир ва Умар дўстларинг билан

Кетгим келмас, йиғлаб ушбу маскандан,
Гуноҳкор бандангман ҳов Намангандан

Қазоси етганда Тўрамирзони,
Оллоҳим насиб эт, Дорул бақони.

Хаж сафари насиб килса
(Ўзимга насиҳат)

Муносиб бўл Бухорий,
Замахшарий бобомга,
Дуо қилиб юртимиз сен,
Танитган дунёга.

Саждага қўйиб бошни,
Тавоф айлаб каъбани.
 Меҳр билан боқиб қиблага,
Бағишла руҳ ҳаловатига.

Расм, видео, селфи,
Булар бари бекордир.
Яратганнинг кўргани басдир,
Муҳаббат нури қувватдир.

Вазифаларин бажар оддий битта бандани,
Яратганни бергани эрур, муҳаббат асли,
Бандасан ким бўлсанг хам,
Фарқлимас сира касби.

Қалбни бериб АЛЛОҲГА,
Саломинг етказ Расулуллох(САВ)га.
Равзаларида ўқиб намозни,
Шафоатин сўра Расулуллоҳни.

Бўлса хам, кечирилар сендаги барча гуноҳ.
Тўрамиро дуода, насиб этсинда жаннат,
Ибодатда ўлмоқлик,
Билганга зўр шараф, бахт!

ГСВГда. хизмат қилганларга бағишлов

Дунёни иккига бўлинди,
Нафсга қуллар билинди.
Дердилар дунёга тинчлик,
Асл мақсад эди, нотинчлик.

Тилаймиз, дунёга тинчлик,

Қилишдилар бузғунчилик.
Машқ килар, икки томон,
Мақсадлари ноаниқ ҳамон.

Хоҳлаганлар уруш орзуси
Миясида бойлик оғуси.
Қуролдан ҳарбийга отиш,
Бу дегани улкан йўқотиш.

Боболар Гитлерни енгди,
Навбат нима сизгами энди.
ГСВГ ажойиб тизим,
Ўшаларга аталган сўзим.

Уруш қайда, бўлмас ҳаловат,
Урушда ҳеч бўлмас адолат.
Тўкилади бегуноҳ қонлар,
Ўлиб кетар қанча инсонлар.

Хоин ҳар жойда отилар,
Жонлар хўп арзон сотилар.
Хизматдошлар ГСВГ чилар,
Афсус кўпи қолиб кетдилар.

Қириқ беш йил ўтибдия,
Кўплар ўтиб кетишибдия.

Германияда хизмат қилганлар,
Ўз бурчини муҳим билганлар.

Ёдга олиб хизмат давримиз,
Хотирлашиб йигит давримиз
Қадрдонлар тўпланиб мана,
Бугун байрам зўр шодиёна.

Эслашиб хизмат давримиз,
Бугун ўша кунга қайтамиз.
Ҳар элатдан хизматдошлар,
Турли юртдан елкадошлар.

Мақсадимиз бир эди
Вазифамиз сир эди.
Доимо шай турганмиз,
Ҳар нега улгурганмиз.

Боғча бола тилидан

Ая, Ая, айтайми?
Нима келди кўчада.

Қаранг, соатга каранг,
Келаябди нечада.

Уларнинг бор пароли,
Дамас чалса гар сигнал,

Чиқиб кўринг бемалол,
Демак келди янги мол.

Агар бўлса Москвич,
Келди музқаймоқ, сақич.

Агар гапирса карнай,
Тандир келди айланай.

Келсачи тарвуз, қовун
Сигнал чалинар узун.

Чинободдан келар нос,
Паролиям бошқа хос.

Нос олинг дер одати,
Дамасиям ғалати.

Сигаретми, нос зарар,
Дейишар нечун заҳар.

Тўрамирзо бобожон,
Мен чекмайман, ҳеч қачон.

Сизга ҳавас қилганман,
Чекмоқ иллат билганман.

МУСТАҚИЛ ЮРТИМ

МУСТАҚИЛ юрт, обод диерим,
Яхшиям сен бахтимга борим.

Не кунларни бошдан ўтказдинг,
Гоҳо ютдинг, гоҳо ютқаздинг.

Шу Ватанда оққан киндик кон,
Сенга фидо бўлсин, ширин жон.

Мустаққилик келмаган осон,
Кимлар берган, бу йўлларда жон.

Тинчлигингни асраш бурчимиз,
Кечагидан бугун кучлимиз.

Таърифингга камлик этар сўз,
Юртим сенга, тегмасин ҳеч кўз.

Тинчлигингни кўролмаслар бор,

Чет ютрларда, девонадек ҳор.

Ҳар жабҳада бўлиб пешқадам,
Спортда хам, тан олди жаҳон.

Қуёш заррин нурин сочмоқда,
Юртим, яна чирой очмоқда.

Тупроғингни кўзимга суртай,
Байроғингни баландроқ тутай.

Тўрамирзо туғилган бу-юрт,
Эзгу ишлар, бўлмагай унут.

ЎЗБЕК ОИЛАСИ

Хар тонг, эрта азон туришар,
Сув сепиб, уй супуришар.

Иш қилишар, ўзбекларга хос,
фаришталар килишар хавас.

Қалби гўзал, кибрдан нари,
мехнаткашдир буларнинг бари.

Эрта тонгдан далага чопар,
кирин ювиб, нонини ёпар.

Шунақадир ўзбек аёли,
рўзғорида доим хаёли.

Чарчасаям нолимас, сира,
Чин, ўзбеклар шунақа жўра.

Сўзи мухим, оила бошини,
Тайёрлайди нону, ошини.

Болам дея, яшайди ўзбек,
Бўлолмайди ҳеч, элат биздек.

Гоҳо булар яхши, ёмон кун,
Нолишмайди бўлсаям юпун.

Фарзандлари одобли, танти
Оиласин. хурмати бахти.

Эркаклар бош оила, уйда,
Ҳатто бозор, кўча кўйда.

ОТА

(Уч фарзандини ўзи ўлдирган ҳаромига узр инсон дея олмадим)

Ҳайф сенга, инсон деган ном,
Сендан минг, бор яхшидир ҳайвон.

Уйғондими ғуруринг исқирт,
Ё ўзингни билдингми, бургут.

Жамиятга керакмисан айт,
Сен хам инсон, эркакмисан айт.

Хотинингни четга жўнатиб,
Юрган эдинг, ўзинг юпатиб.

Фарзандларнинг гуноҳи нима,
Исботладинг, ҳақлигинг кимга.

Қанча инсон, бир тирноққа зор,
Фарзанд. учун, ўлмоққа тайёр.

Эркак бўлсанг, рўзғорга қара,
Оилангни корига яра.

Фарзандларинг ўзинг ўлдириб,
Ўзингча зўр қилдинг дўндириб.

Кўзимда ёш, йиғлайман маъюс,
Туғилмасанг яхшийди даюс.

Тўрамирзо бўлсин диёнат,
Ўшаларга минг бора лаънат.

Ҳайф сенга, инсон деган ном,
Сендан минг бор яхшидир ҳайвон.

Қурбонлик

Муҳаббатинг бўлса Аллоҳга,
Ва ҳазрати Расулуллоҳга.

Ибрат олиб Халилуллоҳдан,
Қўрққин, банда, зино гуноҳдан.

Молингиздан қилинг қурбонлик!
Гуноҳинг тўкилар қонидек.

Аллоҳ учун, севимли амал,
Қурбонлик қил, қўйми ёки мол.

Тўрамирзо истасанг савоб
Кўпроқ излан ўқи, сен китоб.

Қурбонлик қил, фоний ҳаётда,
Кўмак бўлар ишон сиротда.

Ўз нафсингдан келолсанг ғолиб
Эгри юрма, ҳақ йўлинг қолиб.

Расулуллоҳ бериб, икки қўй,
Бири мендан, умматимдан сўй.

Бизни уйлаб улуғ пайғамбар,
Гуноҳдан эт, дедилар ҳазар.

Биз хам бўлиб муносиб уммат,
Қурбонликлар эта олсак бахт

Аллоҳга ишқ, қалбларга ҳузур,
Қурбонликлар, эҳсон қил манзур.

Молин кўпаяр қилсанг қурбонлик,
Имкон бўлса, сўйсанг сен жонлиқ.

Қараб иш қил, дўстим имконга,
Фурсат берма, Лаин, шайтонга.

Қурбонлик

Муҳаббатинг бўлса Аллоҳга,
Ва ҳазрати Расулулулоҳга.

Ибрат олиб Халилуллоҳдан,
Қўрққин, банда, зино гуноҳдан.

Молингиздан килинг қурбонлик!
Гуноҳинг тўкилар қонидек.

Аллоҳ учун, севимли амал,
Қурбонлик қил, қўйми ёки мол.

Қурбонлик қил, фоний хаётда.
Кўмак бўлар ишон сиротда.

Ўз нафсингдан келолсанг ғолиб
Эгри юрма, ҳақ йўлинг қолиб.

Расулуллоҳ бериб, икки қўй,
Бири мендан, умматимдан сўй.

Бизни уйлаб улуғ пайгамбар,
Гуноҳдан эт, дедилар ҳазар.

Биз хам бўлиб муносиб уммат,
Қурбонликлар эта олсак бахт.

Аллоҳга ишқ, қалбларга ҳузур,
Қурбонликлар, эҳсон қил манзур.

Молин кўпаяр қилсанг қурбонлик,
Имкон бўлса, сўйсанг сен жонлиқ.

Қараб иш қил, дўстим имконга,
Фурсат берма, Лаьин, шайтонга.

Тўрамирзо истасанг савоб
Кўпроқ излан ўқи, сен китоб

Қиёмат

Агар бўлса қиёмат,
Бўлади ҳисоб китоб.

Тупроққа айланар тан,
Келар сен қилган эҳсон.

Қурбонлик бўлган ҳайвон,
Эгасин сақлар омон.

Шунда йиғлайди инсон,
Бўлмадим деб мен ҳайвон

Дўзахдан сақлар омон,
Қурбонлик бўлган ҳайвон.

Афсус, қилганда банда,
Бўлмайин деб шарманда.

Ёрдам бермас қариндош,
Кўзларингда тинмас ёш.

Имкон топ, эт қурбонлик,
Сўйиб тур, эҳсон жонлиқ.

Жаннатингни насиб эт,
Сиротингдан олиб ўт.

Кўп биламан гуноҳим,
Ўзинг сақла Аллохим.

Дўзахни қил ҳаром,
Кўрсат, Тангрим эҳтиром.

Тўрамирзо қил дуо,
Асрасин ўзи Худо.

"Келажак бунёдкори" медали соҳиби, ёш, иқтидорли журналист Сардорбекка бағишланади.

С А Р Д О Р Б Е К

От ўрнини той босар,
Деган бизда нақл бор.
Исломжоннинг фарзанди,
Иқтидорли Сардор бор.

Бобосин ўгитила,
Момосин дуосила,
Қўлловчи юртбошила,
Истеъдодли Сардор бор.

Олдида Ватан шаъни,
Камсуқум ва бамаъни,
"Келажак бунёдкори",
Эътирофли Сардор бор.

Бургутдай парвоз этган,
Реал ҳаётни битган,
Мухлисларни лол этган,
Ориятли Сардор бор.

28

Ёшларга тимсол бўлиб,
Барчага ўрнак ғолиб.
Ренессанснинг ажойиб,
Бунёдкори Сардор бор.

Ёшларимиз ҳўп илғор,
Бир - биридан ижодкор.
Тўрамирзо – шод элнинг,
Келажаги Сардор бор.

ИЙМОН

Иймон нима ўтдим билмай,
Энди тунлар бедор йиғлай.
Мунофиқ-у нафсим ғолиб
Ҳаром, хариш фойда топиб.

Кибр риё бўлди улфат,
Қилдим зино, айшу, ишрат.
Дўст-у, ёрдан кечиб қўйдим,
Йўлларига тузоқ қўйдим.

Яратганга бўлмай ошно,
Кўрсатганман кўп томоша.
Гуноҳларим тўлиб тошган,
Мана бугун ақлим шошган.

Яратганим ўзинг қўлла,
Дилимга сол, ҳаққа йўлла.
Умматим де Муҳаммадим,
Қабул килсин Тангрим ибодатим.

Мана. Бугун дилим ёрдим,
Эл кўзига масжид, бордим.
Қалбим босган, манманлик занг,
Мана бугун бошим гаранг.

Фариштадан Тангрим бизни,
Улуғ этиб қўйса юзни.
Ҳаққин адо этдиммикан,
Ё риёга кетдиммикан?

Саждага бош қўяй йиғлаб,
Гуноҳларим бўлмас оқлаб.
Тўрамирзо ожиз банда,
Тангри этма йўқ шарманда.

Сенга айтар дилдан сўзим,
Кеч бўлсада, очиқ кўзим.

МИЛЛАТИМ ФАХРЛАРИ

(Улуғ Ватан Урушидаги 101 ўзбек асирларига бағишлов)

Бостириб кирган фашист,
Нияти бўлмай холис.
Бўлмоқчи бўлиб хоқон,
Жанглар қилиб беомон.

Бостириб кириб юртга,
Сўнгра қолган уятга.
Ўзбек бир юзу битта,
Фашистга қарши шартта.

Бўлсалар хамки асир,
Кўрсата олган таъсир.
Бобоаларга келиб дуч,
Немис орзулари пуч.

Миллатни синдиролмай,
Ғурурни ўлдиролмай.
Очлик билан қийнашди,
Ҳўрлик ила сийлашди.

Ўзбек синмади лекин,
Юришиб эмин, эркин.

Қийнашдилар хўрлашди,
Мажбурлашди зўрлашди.

Оч қўйишиб ҳафталаб,
Бўлишиб томоша талаб.
Келишдилар Берлиндан,
Келишдилар жаҳондан.

Лекин синмади ўзбек,
Фашистлар кутганидек.
Бўлади деб тўполон,
Ташладилар битта нон.

Ўзбек хотиржам турди,
Бундан фашист кутурди.
Ўзбек нон талашмади,
Оч бўлса хам шошмади.

Немис тажриба қуён,
Қилмочийди намоён.
Нафсидан келиб устун,
Бўлдилар ўлимга маҳкум.

Деди бу қайси миллат,
Бўлди дунёга ибрат.
Дунё ўзбекни билди,
Ўзбекка таъзим қилди.

Тўрамирзо ол ибрат,
Боболардек яшаш бахт.

СИНГИЛЛАРИМГА

Мени доим кумсаганларим,
Гина килиб, йўқлаганларим,
Менсиз овкат утмаганларим,
Онамдайин илинганларим.

Жонимга жон сингиллжонларим,
Турдихону, Саидахонлар.
Мен ектирган таом тайерлаб,
Кийимларим ювиб, дазмоллаб.

Кук сомсалар илинган ёпиб,
Акасига доим вақт топиб.
Ойда бир бор, йўқлолмайин йўқ,
Акаманми юрсам кўнгил тўқ.

Кечиринглар сиз меҳрибонлар,
Турдихону, Саидахонлар.
Онам каби меҳрибонсизлар,
Сингилларим бор бўлинг сизлар.

Калбимдаги гулу-райҳоним,
Сизлар менинг жону, жаҳоним.
Буғдойзорни борайин босиб,
Қучоғимга гулдаста босиб.

Онам дуоларин олганмиз,
Онамдан сўнг, сизлар қолгансиз.
Келди ҳозир айтадигон пайт,
Опа, сингил жаннатга калит.

Фарзандларни бахтин куринглар,
Набиралар гаштин суринглар.
Акам қани деб Тўрамирзо,
Мендан асло бўлманг норизо.
Савоб олинг, келмай оҳират,
Чин жигарлар учун яшаш бахт.

"Иссик кул" хотиралари

Аллоҳнинг инояти,
Бир дўстим ҳидояти,
Бордим Ош, Бишкек томон,
Дилда соғинч, ҳаяжон.
Зиёфат меҳр бериб,
Олдилар бизни кутиб.

Аэропорт Манас бобо,
Бошланди зўр, ҳангома,
Қолмасдан иссиқ кунга,
Бишкекка етдик тунга.
Қилишди роса меҳмон,
Дилда қолмади армон.
Бир ёнда шашлик кабоб,
Бўзаю, қимиз куртоб.
Бишкекда ўқиб намоз,
Сайр этдик роса соз.
Отланиб сўнгра йўлга,
Жўнадик Иссиқ кўлга.
Ёш бола каби чопдим,
Хизматдошларим топдим.
Орден медаль кўксида,
Таомландик Куксийда.
Қучоқ очиб кўришдик,
Дийдор ширин эришдик.
Иссиқ кўлда чўмилиб,
Яйраб қумга кўмилиб.
Мееркан хоним аулида
Байрам экан аслида.
Экан таваллуд тўйи,
Базм бўлди, кун бўйи.
Ўзбегу қирғиз, қозоқ,
Роса едик Бешбармоқ.
Тоза экан ҳавоси,

Яна қушлар навоси.
Тўрамирзо дўстлар бор,
Бўлмагайсан асло ҳор.
Ўзбегу, қозоқ, қирғиз,
Аслида битта элмиз.

НАФСИМ ҒОЛИБ

Юрсанг, Раҳмон йўлида,
Юрмай, шайтон йўлида.
Бўлма осий суст иймон,
Бўл мусулмон, чин инсон.

Бўлсин виждон, диёнат,
Унут надир хиёнат.
Кибр, манманлик, жаҳл,
Тарк этса ёмон ақл.

Баъзан баҳор кўнгилда,
Гоҳ изғирин қиш дилда.
Руҳим ичра ажиб ҳол,
Мен кимман ўзи, савол.

Бир танада икки нафс,
Бири ишқ, бири ҳавас,
Ҳолимга вой тутсам қулоқ,
Нафс ғолиб келар кўпроқ.

Ҳаққа бўлган муҳаббат
Тарк этмасанг кифоят.
Енгмасин дея Шайтон,
Ибодатда берсам жон.

Шайтон айтар шошиқма,
Намоз қочмас, ошиқма.
Раҳмон айтар қил дуо,
Кечирсин ўзи Худо.

Бўлмаси мумкин эртанг,
Қилиб қолмагин аттанг.
Тўрамирзо соф ният,
Қилгин йиғла ибодат.

Умринг берилган имкон,
Топшираяпсан имтиҳон.

Оилада рахбар бўлди
АЁЛЛАР

Эрка куёвман деб керилиб,
Келин томонидан кийиниб,
Ётоқ мебелни олдириб,
Барчани ҳайрон қолдириб.

Қирқ кунлаб осмайин Қозон,
Йўл қарашганлар келин Томон.
Берса, едирса келин томон,
Бўладида албат ҳукмрон.

Аёл бўлар хўжайин уйда,
Сўзинг ўтмас, кўчаю кўйда.
Эркак уйда бола қараган,
Чойхонага рухсат сўраган.

Аёлини жўнатиб мардикор,
Ўзи уйда тебратган рўзғор.
Мардикорлик пиёз ўташмас,
Оғир меҳнат, енгил иш эмас.

Аёлин юбориб йўл қараб,
Болаларин ювиб оқ тараб.
Чойхонада бугун қиз, аёл,
Туғилади ҳақли бир савол.

Эркакларга қолмаганмиш жой,
Тик туришиб. ичишмоқда чой.
Чойхонага қиз, жувон тўлди,
Юз, юз қилиб, ичиб хам бўлди.

Йигитлар-чи кун ўтган сайин,
Бўлиб борар, ялқов бетайин.
Рашк туйғуси кетдими ўлиб,
Аёл ичса, эркадан нолиб.

Нима бўлди деманг замонга,
Кетаябмиз қайси томонга.
Тўрамирзо ҳайрон, бугун лол,
Аёлларда ўзгарди аҳвол.

ҚИЗЛАРИМГА НАСИХАТ

Кеча эдингиз гӯдак,
Бугун улғайиб демак.
Остонамда совчилар,
Ҳийлагар қиз овчилар.

Эшигим чангитишди,
Бошимни гангитишди.
Сӯзлашдилар жаврашиб,
Обдон мени аврашиб.
Охир олиб розимни,
Келин қилди қизимни.

Насиҳат сенга қизим,
Тинглагин айтар сӯзим.
Ӯша уйда тошдек қот,
Ёмонликни ортга от.

Улар хизматини қил,
Ширин бӯлсин сенда тил.
Ёмонини яширгин,
Яхшисини оширгин.
Келма қизим гап ташиб,
Иш буюрса чоп шошиб.

Хавас қилсин кӯшнилар,

Ибрат билишсин улар.
Югуриб ел хар ишда,
Уйингни тут саришта.

Таралсин хушбӯй ифор,
Омад бӯлсин сенга ёр.
Қудаларга боқма тик,
Тӯғри бӯл яша тетик.

Жуфтингга бӯл мулойим,
Шудир сенга дуойим.
Куёвим рози қилсанг,
Жаннат сеники билсанг.

Агар бӯлса норози,
Гуноҳ босар тарози.
Отанга деса раҳмат,
Бу мен учун улкан бахт.

Абду- Даби хакида

Шаҳар жим-жит ахоли кайда,
Сайехларга зиерат фойда.
Мадина гурухимиз боши,
ГИД айтади, тўкиб кўз ёши.

Ок масжидлар. барпо этганлар,
Шайх Зайидлар, ўтиб кетганлар.
Давлат шундан бойдир баркарор
Инсонлари, ажиб зўр, диёр.

Бизлар ибрат олсак арзийди,
Барча шундай бўлса қанийди.
Сайёхлар кўп, барча элатдан,
Дунё бўйлаб турфа миллатдан.

Ибодатдан роҳатланар тан
Бир-бирига жилмайиб инсон.
Ок масжидга кирганлар шарий
Либослари кўркам одатий.

Ибодатдан олишар рохатат,
Ибодат чин мусулмонга бахт.
Эшитилмас, шовқин-тўпалон,
Бир тандайин, катта оламон.

Руҳ осуда, ором олар тан,
Қилиб турсанг мискинга, эҳсон.
Шайх Зайид айт, бизга башорат,
Мол дунёдан борми кифоят.

Билмаганнинг, билиб оз, оздан,
Тўрамирзо завқ ол, номоздан.

ҚАДР КЕЧАСИДА ...
Масжидлар нурга тўлиб,
Малаклар шерик бўлиб,
Қалбимиз топса ҳузур,
Келиб Тангрига манзур.

Ўқилса таровеҳлар,
Зикр айтса, тасбеҳлар.
Қорилар қироати,
Оятлар тиловати.

Калбимиз сукунати,
Жаннатнинг таровати.
Рамазон, ойи Султон,
Очилар етти осмон,

Кишанбанд бўлар шайтон,
Келганида Рамазон.

Саждададир бошимиз,
Кўздан оқар ёшимиз,

Синалгай бардошимиз,
Бирга кекка, ёшимиз.
Тўкилади гуноҳлар,
Қилсак эҳсон, савоблар.

Такбир, тасбеҳ, тиловат,
Дуолар хам ижобат,
Кўнгил топгай халоват,
Дўстлар бўлсин саломат

Қадр кечадир бугун,
Қалбларда нурдир шу кун.
Яхши кеча минг ойдан,
Савоб ёғар, ҳар жойдан.

Дуода икки қўлим,
Тўрамирзо ҳақ ўлим.
Дўстларим боқийга кетмокда...
Ажалнинг беаёв нафаси,
Енг узоқ жойларга етмокда,

Менинг хам навбатим яқиндур,
Дўстларим бирма-бир кетмокда,
Тиканлар яшагай, гул кетар,

Чамансиз боғдан Булбул кетар

Яқинлар бирма- бир ўтмоқда,
Чин дунёга сари кетмоқда.
Махмуд дўстим кўнгил нур эди,
Ҳақпараст, Худога қул эди,

Исроилжон, Махмуд кўнгли ёш
Кексайганда ҳамроҳи кўз ёш.
Умр хам, зувуллаб ўтмоқда,
Дунёдан яхшилар кетмоқда.

Шукур, Шавкат даврамиз шўхи,
даврани қиздирар шукуҳи,
Давранинг шукуҳи кетмоқда,
дунёдан яхшилар кетмоқда.

Аллоҳим дўстларга мадад бер,
Ёғдиргин қабрига, раҳмат бер.
Боқий томон кетмоқдамиз жим,
Ҳеч ким, бўлмас дунёга устун.

Ибодатда Абдулхай ибрат,
Анорбой хам бўлсин, саломат
Абдувалин биттадир сўзи,
Меҳнатда хўб тобланган ўзи.

45

Вақт миллари тинмай елмоқда,
Навбатлар бизга хам келмоқда.
Қилиб олинг, дўстлар ибодат,
Тўрамирзо, тириклик бу бахт.

ХАЙФ ИНСОН ДЕГАН НОМ

(90 йиллар халк нафратига дучор
бўлган ўз кизига хирс кўзи билан караган
отага нисбатан халк чора кўриб сазои
этилгани эсимда. Бу одам юртидан
килмишига пушаймон бўлиб бош олиб
изсиз кетган. Минг афсуски бугунги кунда
хур замонга ношукурлик килиб вояга
етмаганларга, хаттоки ўз кизига зино
килаетганлар учраетганлиги ачинарли
холат.)
Болалади хўп миш-миш,
Наҳотки, шу бўлган иш.
Ота қизин зўрлабди,
Тўшак томон чорлабди.

Ҳайф инсон деган ном,
Бу ишни қилмас ҳайвон.
Отдан олсангчи ибрат,

Сен дайюс падарлаьнат.

Бўлганда аввал замон,
Халқ қиларди тошбўрон.
Инсонликка нолойиқ,
Тупурарди халойиқ.

Нафрат кузи бор эди,
Қонун устивор эди.
Халқ қиларди сазои,
Оғир эди жазои.

Кетардинг қайтмас бўлиб,
Даф бўлиб изсиз улиб.
Ер эди, карга, қузгун,
Шу эди элда удум.

Сен кабилар кам эди,
Бўлмасди деди, деди.
Куйиб ифлос томоша,
Шайтонга бўлиб ошно.

Шайтон хам килар ҳазар,
Алҳазар, э алҳазар.

МУҲАББАТ

Ақлим танидим, фақат
Сенга куйдим МУҲАББАТ,
Сендан узгани кўрмас
Сўзларим қуруқ сўзмас.

Қалбда сенга МУҲАББАТ,
Тангрим сенга минг раҳмат.
Дилимда нурли иймон,
Ошиқар дил сен томон.

Сенга содиқ бандаман,
Жоним борки танда мен.
Дунё ўткинчи ёлғон,
Ота, бобомдан қолғон.

Мухаббатим сенга чин,
Ибодатлим шу учун.
Беш маҳал ўқиб намоз,
Қилмам, асло эътироз.

Муҳаммаднинг уммати,
Мусулмонлик чин бахти.
Соғлом фикр, соф ният,

Банданг бўлиш улуғ бахт.

Тўрамирзо керилма,
Манманликка берилма.
Қўлингда бўлса Қуръон,
Дилингда бўлса иймон.

Аллоҳ сўзи битилган
Ҳикматлар киритилган.
Аллоҳни этар хитоб,
Қурон муқаддас китоб.

Уни бошда тутгайман,
Йиғлаб кўзга суртгайман.
 Соат 3.30 душанба 7 август 2023

"Иссиқ кул" хотиралари
Аллоҳнинг инояти,
Бир дўстим ҳидояти,
Бордим Ош, Бишкек томон,
Дилда соғинч, ҳаяжон.

Зиёфат меҳр бериб,
Олдилар бизни кутиб.
Аэропорт Манас бобо,

Бошланди зўр ҳангома,

Қолмасдан иссиқ кунга,
Бишкекка этдик тунга.
Қилишди роса меҳмон,
Дилда қолмади армон.

Бир ёнда шашлик кабоб,
Бўзаю, қимиз қуртоб.
Бишкекда ўқиб намоз,
Сайр этдик роса соз.

Отланиб сўнгра йўлга,
Жўнадик иссиқ кўлга.
Ёш бола каби чопдим,
Хизматдошларим топдим.

Орден медаль кўксида,
Таомландик Куксийда.
Қучоқ очиб кўришдик,
Дийдор ширин эришдик.

Иссиқ кўлда чўмилиб,
Яйраб қумга кўмилиб.
Меркан хоним аулида,
Байрам экан аслида.

Экан таваллуд тўйи,
Базм бўлди, кун бўйи.
Ўзбегу қирғиз, қозоқ,
Роса эдик Бешбармоқ.

Тоза экан ҳавоси,
яна қушлар навоси.
Тўрамирзо дўстлар бор,
Бўлмагайсан асло ҳор.
Ўзбегу, қозоқ, қирғиз,
Аслида битта элмиз.

ШАҲИДЛАР
Нурга тўлсин шаҳидлар қабри,
Бўлмасин ҳеч қабрнинг жабри.

Иймон билан ўтганлар раҳмат,
Сўнгги уйи, қоронғу лаҳад.

Ўзга юртда тупроғингга зор,
Бекафан хам кетганлар бисёр.

Кўҳна тарих кўрди тузумни,
Камситмоқни хўрлик зуғумни.

Жисми ўлар, улар яшайди,
Эзгуликка бизни бошлайди.

Барча борар жойи қабристон,
Қоронғудир лаҳад зимистон.

Жимлик сақланг, борсангиз мозор,
Шовқин солманг, эмас бу бозор.

Дуо ўқинг, айланг тиловат,
Сўранг дуо бўлсин ижобат.

Кимлар яшар, қайғуси бойлик,
Кимлар масжид қурар чиройлик.

Тўрамирзо, қалбингда нола,
Қандай яшаш, сенга ҳавола.

ХАЁТ
Ўтган кунларим уйласам кўп излар,
Гуллаган баҳор - у ёз олтин кузлар,
 Унда гоҳи шодлик гоҳ ғамгин кўзлар,
Мен яхши ёмонни кўрган кунлар.

Самога бўй чўзган тоғлар ҳам гувоҳ,
Бургут лочинлар - у зоғлар ҳам гувоҳ,
 Ҳузурингда ноҳақлик авж олар эй вох,
Сен уларга вақт бердинг узинг ўнглашга.

Ҳатто шерлар яшаб юрган ўрмонда,
Баъзида даъвогар шоқол зормонда,
Тулкилар гоҳ у ён бу ён томонда,
Сен барчасин кўриб тургансан.

Биламан арқонни сен узун ташлаб,
Қўйгансан билмадим ненидур кўзлаб,
Кўрдим ўз ҳаддидан ошганни минглаб,
Вақти уларни бошин ёргансан.

Инсон борки бари имтихондадур,
Ширин сўз яхшилик зўр имкондадур,
Ҳақиқат доимо сен томондадур,
Ўзинг ҳақни кўрсатган сан.

Ортимдан қолдирдим жуда кўп излар,
Эслайман келганда баҳор ёз кузлар,
Ўйласам гоҳ шодлик гоҳ ғамгин кунлар,
Қайси гуноҳ, қайси савобли кунлар.

Сен Раҳмон, сен Рахим, мехрибоним ўзингсан.

Ўзинг ўнгламасан тўрамирзо холига войдир,
Кўзин очгин имтиҳони келмасдан

Мен кимман ўзи

Юрсанг, Раҳмон йўлида,
Юрмай, шайтон йўлида.
Бўлма, осий суст, иймон,
Бўл мусулмон, чин инсон.

Бўлсин виждон, диёнат,
Унут надир хиёнат.
Кибр, манманлик, жаҳл,
Тарк этса ёмон ақл.

Баъзан баҳор кўнгилда,
Гоҳ изғирин қиш дилда.
Рухим ичра ажиб ҳол,
Мен кимман ўзи, савол.

Бир танада икки нафс,
Бири -ишқ, бири ҳавас,
Холимга вой тутсам кулоқ,
Нафс ғолиб келар кўпроқ.

Ҳаққа бўлган муҳаббат
Тарк этмасанг кифоят.
Енгмасин дея шайтон,
Ибодатда берсам жон.

Шайтон айтар шошиқма,
Намоз қочмас, ошиқма.
Раҳмон айтар қил дуо,
Кечирсин ўзи Худо.

Бўлмаси мумкин эртанг,
Қилиб қолмагин аттанг.
Тўрамирзо соф ният,
Қилгин йиғла ибодат.

Умринг берилган имкон,
Топшираябсан имтиҳон.

КЕТАР БЎЛСАМ

Бу дунёдан кетар БЎЛСАМ,
қабр узра етар БЎЛСАМ.
Ортимдан зор йиғлаб колманг,
Сўзларим сиз, оғир олманг.
Онангизга беринг меҳр,
Тилагайман сизга сабр

Жанозамга келганларни,
Мени кўрган, билганларни.
Дуо қилинг, дуо қилинг,
Бурчингизку буни билинг.
Фарзандларим ғамингиз еб,
Бойлигим йўқ, сизларга деб.
Уч қизим, бир ўғлоним бор,
Шукр наслим, давомчим бор.
Қизларимга насиҳатим,
Ҳамроҳ. бўлсин, пок ниятим.
Хатолиғлар қилган бўлсам,
Жавоб бергум, қачон ўлсам.
Аллоҳимдан сўраганим,
Бўлмасин ҳеч, сизга ғаним.
Топганингиз бўлсин ҳалол,
Еб ётинг сиз сўнг бемалол.
Нафсингизни бўлманг қули,
Инсонларнинг бўлинг гули.
Бўлиб турса, зўр ибодат,
Сизга яқин келмас офат.
Имонингиз соғлом сақланг,
Мудом менинг сўзим оқланг.
Дуойингиз бир ҳаловат,
Бўлинг доим, соғ-саломат.
Савоб этинг инсонларга,
Бошига иш тушганларга.
Савобидан менга келгай,

Мукофотлар, улуғ бўлгай.
Мозоримга тошлар қўйманг,
Яна исмим ёзиб ўйманг.
Қуръон уқинг, шукр қилинг,
Васиятим шудир билинг.
Отангиздан бўлинг рози,
Бу дунёдир тош, тарози.
Олиб кетар кафаним, бор,
Дуо этинг, такрор, такрор.
Шудир тилак ўғил, қизим,
Тўрамирзо айтар сўзи.

УСТОЗ - МУАЛЛИМ

Устоз сўзи олтинга тенг,
Ҳар бир сўзин маъноси кенг.
 Доимо бизларга ибрат,
Устозларнинг бори бахт.

Мудом тўғри йўл кўрсатар,
Билмаганимиз ўргатар.
Устозларни ҳурмат қилинг,
Ўгитларин сабоқ билинг.

Устозлардир зўр муаллим,
Олинглар сиз, ибрат, таълим

Шогирдлар камоли бахти,
Тоза софдир, ният аҳди.

Шогирдсиз номингиз оқланг,
Устозлар ҳурматин сақлан
Устоз боғбон ниҳолмиз биз,
Барча шогирд, ўғил-у қиз.

Тўрамирзо сен хам устоз,
Ўгитларинг ажойиб соз.

Ёлғон дунё

Шукур қилдим, ҳамдлар айтдим,
Ҳар тонг соғлом уйғонганга.
Ердам қилдим, Аллоҳ йўллаб
Мен томонга жўнатганга.
Меҳмон келса хурсанд бўлдим,
Бу Аллоҳимни меҳмони деб
Меҳмон келса бўлар байрам,
Кетса хамки боримни еб.
Аллоҳимни меҳмонлари,
Келмай қўйса уйим сари.
Қидирмокни одат қилдим
Мудом шунга интилдим.
Минг уринсам битмайди хеч,
Бу дунёни камлари ҳеч.
Эллик йиллик аёлим ҳам,

Ёрдам бермас, тушганда ғам.
Уғил, қизим, набираларлар,
Ҳатто яқин дўст, жўралар.
Қабрим пойлаб туролмайди.
Савобидан беролмайди.
Ёлгон дунё, хисобини,
Савоб, гуноҳ китобини.
Берар чоғим, ёрдам бермас
Ҳеч бировин менла турмас. .
Келганида кетар маҳал,
Бир чақадир Орден амал.
Бефойдадир кошоналар,
Ёнингдаги дўст, ошнолар.
Кимларгадир зулм қилдим,
Хатоларим бугун билдим.
Ет аелга суягим йук,
махрамимга қилганман дук.
Ўйин кулгу, маишатлар,
Дейман бугун, минг лаънатлар.
ҳисобини беролмайман,
Ёрдам бермас, қон йиғлайман.
Борар жойинг унутмагин,
Нотўғри йўл сен тутмагин.
тўрамирзо ёмон карз,
Савобингга етади дарз.
Қарзинг бўлса, ол қутулиб,
Эй, бандалар ўлмай туриб.

ДЎСТЛАРИМГА

Сиз борсизку, очик йулларим,
Ҳар томонга етар кўлларим.
Кўпайгани яхши, Дўсту ёр,
Жам бўлишсак, барча бахтиёр.

Сўзлашайлик доим мулойим,
Қалбда эзгу, ниятлар доим.
Шунда ўзи асрар Худойим,
Чекинади Қиёмат, қойим.

Айтоламан, менман бахтиёр,
Қардош юртларда дўстлар бисёр.
Кузми? Ёзми? Ё фасли Баҳор,
Учрасак биз такрор ва такрор.

Дўстларим бор, ғариб кўнгил тўқ,
Сира ташвиш ёки ғамим йўқ.
Қирғизми, Рус бўлсада Татар,
Соғинаман кўрмасам, агар.

Дўст, ортиринг мол, дунё эмас,
Олтин, кумуш сизга дўст бўлмас.
Бойлик, амал вафо этмайди,
Асл дўстинг ташлаб кетмайди.

Дўсти кўп, ҳеч ҳор бўлмас элда,
Дўстлик бўлса, юракда, дилда,
Амалимга керакмас, ошно,
Тойилсам гар, этар томоша.

Чин дўстларинг йиқилсанг суяр,
Ташвиш тушса бошингга куяр.
Мудом сенга яқин елкадош,
Тўйлар қилсанг хамиша йўлдош.

Тўрамирзо этар насиҳат,
Ошноларинг кўплиги бу бахт.
Юкинг ерда қолмагай асло,
Йўлиқмайди турфа хил офат.

БАНДАМ ДЕГИН КИЁМАТДА
Бу дунёнинг ками битмас,
Кўзларимнинг нами кетмас.

Оллоҳ мани бандам демас,
Йиғлаб турсам, қиёматда.

Болам дедим, гуноҳ қилдим.
Тоатимни паноҳ қилдим.

Билмам қанча савоб қилдим.
61

Авфу қилгин, қиёматда.

Бу дунёдан йиғлаб ўтсам.
Дил дилимни тиғлаб ўтсам.

Ҳикматингни сўзлаб ўтсам.
Паноҳ бергин, қиёматда.

Аллоҳим дебдуо қилай,
Симинг куймай зикр килай

Рабиал аъло дейин
Саждага бошим куйиб.

Назар солгин, қиёматда.
Мен бандангман, ҳоки тупроқ.

Насиб айла, ажр-у савоб.
Ўзинг Рахим, ўзинг Салим.

Тўрамирзо ожиз банда,
Бандам дегил, қиёматда.

Сиринг пинҳон, ўзинг пинҳон.
Ўн саккиз минг олам шоҳи.

Ҳар не қилсам, сенга аён.

Сирим қолмас, қиёматда.

ИЙМОН

Иймон нима, билмай ӯтди умрим мани,
Мунофиқлик бӯлган экан, қилган ишларим.
Мунофиқлик килишимни, асосида нафсим
экан.
Риё, кибр билан юришларим.

Хар бир гапим, асли ёлғон амалим йӯқ,
Риё учун мақтанчоқлик юришларим, амалим
йӯқ,
Амал учун неча Дӯсту, қариндошдан
кечганман воз.
Фисқ - фасот, ғийбатларга бӯлиб жонбоз.

Яратганни неьматига қилмай шукур,
Ношукурлик ботқоғига ботганман.
Гунохларим тӯлиб тошди,
Сохта обрӯ орқасидан қувганларим.

Бу дунёга қандай синов, имтиҳон келган эдим,
Яратганни синовидан ӯтолмайин.
ёлгон дунё матохидан кечолмайин,
На фарзини, на суннатни адо этолмайин,
Муҳаммадни умматига хос Бӯлолмайин.

Умрим ўтар бекор, ғийбат, тўхмат, ёлғон билан,

Истиғфорим қабул этгин.

Рахимлигим, Рахмонимсан,

Эл кузига масжид томон қадам босиб

Ибодатим Кўз-Кўз қилиб,

Амал йўкдир, мунофиқлик қалбим босиб.

Менми ўша фариштадан,

Азиз қилиб яратилган.

На виждондан, на аслимдан,

Тополмадим, азизликка лойиқлигим.

Ношукурлик қилдим,

Хақнинг неьматига,

Яратганни химматини оқламадим.

Нафсинг учун доим қулсан,

унутмагин Аллоҳ учун ожиз қулсан.

Тўрамирзо

Ажал келмай, иймонингни поклаб олгин.

МЕНИНГ БАҚОДАГИ УСТОЗЛАРИМ

Хотирам руҳият кўрсатиб кучин

Эллик йил ўтганда эсладим бурчим.

Келажак, камолим тараққиёт учун.

Эсладим устозлар сизларни бу кун.

Йўл кўрсатгансиз бир маёқ мисол,
Бўлгин дардингиз доимо ҳалол.
Сизни сабабчи қилган Аллоҳим,
Жойингиз жаннатда бўлсин Илоҳим.

Сизнинг касбингиз улашмоқ таълим,
Бугун бақодаги устоз, муаллим!
Сизни эслаганда ёшланар кўзлар…
Ёдимда доимо сиз айтган сўзлар …

Энг чиройли ҳислар уйғонар билдим,
Қабрингизни бугун йўқлашга келдим.
Сиз бизга отадек бўлдингиз устоз,
Ҳак йўлни кўрсатиб билим бериб соз.

Бизни одам қилди Сиз берган таълим…
Раҳмат сизга бугун, устоз муаллим.
Илк қалам тутиб, Мирзамансур устоз,
Дердилар ўрганинг, яна ўқинг соз.

Ҳануз ёдимдадир, меҳрининг тафти
Болам деб силаган меҳрли кафти.
Илмда, амалда қолдирмоқда из.
Бугун сиз ўқитган қанча ўғил, қиз.

Энди авлодларга бермоқда таълим,
Сиздан сабоқ олган устоз муаллим.
Кўча чангитиб, чопган шогирдлар.
Хар жабҳада меҳнат қилмоқда улар.

Мана бугун ўчувчи кимидир уста,
Барчаси касбида мукаммал пухта.
Ўрнак эди Абдулбосит муаллим,
Ёшларга беролган, мукаммал таълим.

Ҳадисларда келмиш устоз зиёси
Устознинг ободдир икки дунёси.
 Эслайман Абдумалик устозим,
Феъли хам, ажойиб эди мулойим.

Койишсалар хафа бўлган чоғларим
Соғинаман ёшликни ўртоқларим.
Ярим аср ўтиб шунга иқрорман,
Бугун бир бор койишингизга зорман.

Шукур урушларни кўрмади бошлар....
Маърифат, хақиқат сочган қуёшлар.
Устозлар қабрига ёғиб турсин нур.
Жаннатларда ётинг, олиб сиз ҳузур.

Тўрамирзо эслар намозда доим,
Жойингиз жаннатдан қилсин, Худойим.

Яқинларимга Эссе

Отам ўрнида отам,
Менинг Муҳаммаджон акам.
Ундан асло қолишмас,
Зўр - Ҳайдарали акам.
Яна Исоқжон акам,
Бўлмасинлар, асло кам.
Сўзлар жуда мулойим
Йўқлаб турарлар доим.
Бир ўғил, уч қизи,
Худди отасин ўзи.
Ҳайдарали акам, хўп,
Олгандилар, дуо кўп.
Тўрт ўғил, уч қизи,
Ота онасин юзи.
Келинойимдан кейин,
Ёлғизлик экан, қийин.
Эзиб қўйди, ташвиш, ғам,
Инсонда тугамас кам
Исоқжон акам сирли,
Юз кўзлари меҳрли.
Француз тилидан устоз,
Машинага ишқибоз,
Қўлига тушса жиҳоз,
Тузатади жуда соз.
Абдурахим, укамиз,

Гоҳо койиб сўкамиз.
Билганидан қолмайди,
Ишлаб асло толмайди.
Акаларим Махмуджон,
Яна Асқаралижон.
Бу дунёдан ўтдилар,
Охиратга кетдилар.
Мен уларни кўрмадим,
Меҳрларин туймадим.
Каминаю камтарин,
Ишни топиб астарин.
Ушласам бас, қўймайман,
Дўст, улфатга тўймайман.
Кўчиб юрдим кўп жойга,
Бормадим холос ойга.
Биздан кейин авлодлар,
Қариндош зурриётлар.

Бир, бирин йўқласинлар,
Дуо қилиб турсинлар.
Тўрамирзо қил ният,
Йўқолмасин, оқибат.

ҒИЙБАТ НИМА?

Дӯстми у, ё бегона,
Орқасидан гапирма.
Ғийбат бӯлади гунох,
Деганлар Расуллуллоҳ.

Кимда бӯлса, шу хислат,
Бӯлиб қолмайин одат.
Бу одатин ташласин,
Соғлом хаёт бошласин.

Ғийбатдир майит гӯштин,
Емоқ билан, билсанг тенг.
Тӯрамирзо сен билгин
Ғийбатлардан тийилгин.

Гуноҳи бӯлар оғир,
Хисоби тайин охир.
Билсанг, сӯнгги пушаймон,
Бӯлади жуда ёмон.

ДЕҲҚОН ДУСТЛАРИМГА

Сиз жаннатга Эккан дарахт,
Инсониятга улашгай бахт.

Деҳқон бўлиб терлар тўккан,
Ҳар хил меваларни эккан.
Абдулхайдир, моҳир боғбон,
Мевалардан топган у шон.
Лимончимиз, Ривожиддин,
Бу соҳада удир устун.
Абдурахим иши пухта,
Ҳурмолар бўйича уста.
Тожибойнинг узумлари,
Егин келар, еган сари.
Абдулходи олмалари,
Ширин, тотлидир бари.
Сирожиддин, Сайдуллолар,
Излаб, топиб янги навлар.
Абдулхафиз узи олим,
Узум бўйича муаллим.
Ерла тиллашиб ҳар он.
Рўзимат отадек деҳқон,
Абдулхафиз берди кўчат,
Айтим унга кўп раҳмат.
Шермухаммад экди бодом мудом сарасини,
Еб куринглар билиб олинг
Шифолигин фойдасини
Абдували энергетик
Кўриниши ўктам, тетик.
Мичуриндай дўстларим бор,
Янгиликлар доим тайёр.

Доим мағрур, тоғдан дарак,
Белда қувват, боғдан дарак.
Дала богни кезганидан,
Бир ҳуш, чоғдан дарак,
Сув қуйсалар, сингиб окар,
Ваъда берса, доим турар,
Дустларимни дехконлари,
Одам Ота касбдошлари.
Ёз чилласин писанд килмай,
Қиш чилласи, совуқ билмай.
Ниҳолларни болам деган,
Элу, юртим ғамин еган.
Сизга боксин доим омад,
Доим булинг сог-саломат.

Кўнокдаги хангома

Кўнок бўлдик Айжон сингилим уйиди,
Мушоирани кизидик, катта анҳор бўйида.
Қурултойда билмапман,
Нишон Али Акамни.

Ака десам соқол йўқ,
Кўнгил этиб ҳакамни.
Киликлари худди боладир,
Беғубордир худди лоладир.

Санжар окин, боламдай,
Акли уни отамдай.

Шеърларни тингласам,
Улуғлар, авлиёлардай.
Менга бергин, Аллоҳим
Санжардайин илхомни.
Ёш бўлсада берибсан,
Илм ила одоб, ен.

Нишон Али акамдек,
шеьрлар ёзсайдик сиздек.
Кунгили ё ш уйласам,
Суҳбатига тўймасам.
Баену, Меркеен опа,
Айжонларини уйда.

Акам роса яйради,
Соқолни ол деб жавради,
Ака узр сиз билан
Дейсиз ёзгин шуғғулан.
Пайғамбар ёшидамиз
Якуннинг бошидамиз.

Дўстлар билсангиз агар,
Бу ёшида Яссавийлар.
Ер остида яшаган,

Ёлғиз ҳаёт бошлаган.

Аллоҳим МУКОФОТИ

Умра сафарга бормоқлик яна,
Яқинларга бўлди, катта тантана.
Кузатдик дўст-у ёр синфдошлар,
Кузатдик кексалар яна ёшлар.

Бизнинг такдирмиз битган Аллоҳим,
Чин дилдан сўрасак, етади охинг.
Омонатинг олар, билмайсан қачон,
Барибир тандаги омонатдир жон.

Дўстимни нияти эди, ибодат.
Тайёргарлик кўриб ўқирди китоб.
Борганди ибодат Мадина сари,
Яхши бўлди тоат якуни бари.

Аввал борганлардан йўл, йўриқ сўраб
Йўл олди астойдил Умрага қараб.
Ибодат килмоклик, бандага фарз.
Хаж, умра қилмоқлик бандасига қарз.

Дилшодбек, Отабек йигламангларсиз,
Биз бундай қазони орзу қилганмиз.
Ҳақ олдида бажарай дея фарзим,
Яратгандан узарманми деб қарзим.

Ҳатто жонзотларга озор берилмас,
У ерда жон бермоқ ҳаммага ҳаммас.
Дўстим жойлари бўлсин жаннатда.
Барча гап, соф мақсад буюк мақсадда.

Ривожиддин - муборак улуғ мукофот,
Азиз жойларда жон топширмоқ бахт.
Тўрамирзо, Абдулхай, синфдош, улфат,
Ривожиддин қазоси билганларга бахт.

Дўст, яқинлар жам, қилайлик дуо,
Жаннатга кир дўстим ҳайр, алвидо

ХОТИРА

(Биринчи устозим Мирзамансур Жамолиддинов хотираларига багишлов)

Касбим, шу касбим бўйича кўп йиллик хизматим юзасидан пенсияга чиққан бўлишимга қарамай тез - тез турли муассаса ва ташкилотлар ўзларининг тадбирларига таклиф этадилар. Навбатдаги таклиф эса ўзим ўқиган, ўзим таълим олган, саводим чиққан. Давлатобод туманидаги 90-сонли мактаб бўлди. Мактаб жамоаси устозлар, мактаб директори раҳматли устозимиз физика-математика фанлари кандидати олим ГуломКодир Дедамирзаев домлани қизлари Дилфузахон раҳбарликларида у кишини атрофида жамланиб бир екадан бош чиқариб, аҳилликда фаолият кўрсатишмокда.Аёл киши бўлишларига қарамай, мактабни ободонлаштириш, кенгайтириш замонавий ҳолатга келтириш юзасидан туман, шаҳар, вилоят раҳбарларигача масалани кўндаланг куйиб мактабни капитал таъминлаш, қўшимча бинолар қуриш учун дастурга киритишга эришибдилар. Юртимизда мен таълим олган мактабда олиб борилаётган ишларни курар эканман. Уйлаб қолдим, коинотда, борлиқда неки бор, ҳаммаси бир–биридан андоза ва ибрат олади, қуёшдан олинган андоза куррайи-заминни иситиб ўт–ўланларга жон беради, баҳордан олинган нусха эса илоҳий гўзалликлар туғдиради. Бу борада айниқса инсонлар жамияти ўрнак бўлади. "Инсонлар бир бирининг кўзгусидирлар",- деган эди шайх Жалолиддин Румий ўзидаги қалб кўзини очган дўсти Шамсиддин Табризий тўғрисида. Ҳақиқатан ҳам шундай, ҳар қандай кишининг атрофида покиза, самимий ва иймонли инсонлар бўлса, ҳар қандай одам ҳам яхшилик сари бир қадам ташлайди, покланишга юз тутади. Аксинча, ҳасадгўй, ичиқора ва нопок кимсалар ҳам ўз атрофини худди ўргимчак тўрлари каби ёмонликлар ва хунрезликлар тўри билан ўраб ташлайди. Бугун мактабда узим ўкиган синф хонасига кирар ўканман. Улуғ инсон синфдошларим ва мени биринчи устозим Мирзамансур Жамолдинов хакларида ёзмокчи бўлдим. Инсонларнинг сараларидан бири, юртимиз муаллимларига ибрат була оладиган Устоз. "Сўзда сехр, шеърда эса ҳикмат бор",- дейдилар. Сўздаги сеҳрни, шеърдаги ҳикматни топиб олиш, ва халққа етказиш эса ҳамманинг

76

ҳам қўлидан келавермайдиган улуғ иқтидор ва лаёқат, таъбир жоиз бўлса узоқ муддатлику изланиш ва меҳнат самарасидир. Устозимиз Мирзамансур Жамолиддинов ана шундай туғма иқтидор, изланувчанлик ва меҳнатсеварлик билан уйғунлаштириб ололган Устоз муаллим эдилар.

Наманган вилоятининг бугунги кундаги Давлатобод туманида жойлашган 90 мактабда биз ўкиган пайтлардаги Наманган туманидаги А.С. Пушкин номли 28-мактабни бошланғич синф ўкитувчи эдилар. Мазкур мактабда ўз замонасининг улуғ алломалари, фозил инсонлар Абдумалик Исмаилов, Абдулбосит Сайдаров, Усмонжон Жураев, ... Эгамов, Хамидулла Валибаев (бизни иккинчи синф раҳбаримиз 5-8), Абдусаттор Хайдаров, Дадахон Холматов (учинчи синф раҳбарим 9-10 синф) кабилар кўп бўлишган. 7 ёшимиздан кулимизга ручка ушлатиб ёзишни ва имлони тўлиқ ўргатган, ифодали ўкишни ўргатган. 4-синфгача бир ўзлари бизга синф раҳбари бўлиб уз фарзандларидек таълим ва тарбия берган буюк устоздирлар. Бизга ўхшаган ......синф болаларингга хам таълим ва тарбия берганлар. Менда ва синфдошларимда илк ватанга муҳаббат, табиатимиз жозибаси,

77

Наманганни ўраб турган тоғларининг залворидан тортиб, адирларининг кенглиги, осмонининг мусаффолиги, одамларининг бағрикенглиги, мехнаткаш хамкишлокларимиз хакида қалбимизга ўз мехрлари билан сингдирганлар. Шогирдлари орасида кўплаб инсонлар ўз замонасининг олди инсонларни, олим, кўп соҳаларни етук мутахассислари бўлиб етишиб чиккандан билсак булади. Устозни сухбатларини олсангиз ҳам роҳат қиласиз, ҳам ўйга толасиз. Сухбатларидан роҳат олишингиз, ҳар бир иборасида ҳикмат, ҳар бир мулоқотида самимийлик, олижаноблик, инсонпарварлик дурдоналарини топганингиздан бўлса, ўйлар уммонига чўмишингиз ҳар бир жумлаларида замонанинг тезкорлиги, Аллоҳнинг барча махлуқот ва мавжудотлари бир –бирига ғаниматлиги, замоннинг бамисли кўпик каби чайқалиб турганлиги акс этишидадир. Устоз муқаддас динимизнинг ҳам билимдони бўлганликлари аммо замона зайли билан бизларга, унинг илмий, оммабоп битикларида, оддийликда диний бағрикенглик, инсонийлик, покизалик, самимийлик, сиддиқ ва комил инсонларга хурмат ва меҳр муҳаббат орқали тушунтирар эдилар. Ҳаммага ҳам насиб етавермайдиган муборак ҳаж сафари (хожи акбарлик) хам устозимизга насиб этди. Устозни ешлик йиллар меҳнатда, қийинчиликларда Ўтган бўлиб ўкувчиларига меҳр билан бирга меҳнатга муносабатини хам ўргатиб уз хаетларидан хикоя килиш билан самимий тушунтириб берар эдилар. Бизни укитган пайтларида хам дарсдан бўш пайтлари мен ўкутувчиман деб қараб ўтирмасдан, дехкончилик, чорва билан шугуланар эдилар. Вакти келганда мактабдан отпускага чикканларида хозирги ўкитувчилардек дам олиш жойларига, санаторияларга бориш каекда дейсиз, Ҳатто пахса девор уриш билан хам шугулланиб, дехкончилик махсулотларни узок шахардарга олиб бориб сотиб савдо билан хам шугуланар эдилар бу эса пайгамбаримиз Расулуллоҳ (С.А.В) хаетларидан яхшигина хабардор эканликлари, суннатга мувофиқ иш тутишларидан дарак эди. Шогирдлари бирор ютукка эришса худди ўзлари эришгандек фахрланиб ҳаммага етказар эдилар, мени шунча ўкувчим олий маълумотли бўлди. Устозни мени хотирамдан чиқмайдиган қатор ишлари борки ҳозирги ўкитувчи устозларга ибрат бўлса, армияда хизмат қилиб юрганимда Германияда тугилган куним билан табриклаб (у пайтлар откритка деган каттик когоз булар эди) хат юборганлари.

Кейинчалик УзПО"Электротерм" бирлашмасида ёшлар етакчиси бўлиб ишга ўтганимда улуғ Ватан уруши қатнашчиси Устоз Миралиев Умарали домла билан бирлашма раҳбарияти олдига кириб мени ҳакимда ижобий фикрлар билдириб, келажакда катта одам бўлишим хакида башорат килиб Раҳматли Тўлкин Максудовда менга нисбатан меҳр уйғонганлари.

Шаҳар ёшлар ташкилотида ишга ўтганимни уйимдагилардан хам олдин билиб Шаҳар марказидаги хонамга йуклаб бориб дуо қилганлари барчаси ҳозиргидек эсимда. Менга шунчалик эътиборда Бўлган меҳрли Устозим яна қанча шогирдларини йўклаган эканлар яратганни узи билади. Рахматли Дадахон Холматов устозимизни жойлари жаннатда Бўлсин, мен 8- синфни битирганимдан сўнг дўстларимга кушилиб ККХБЮ(СПТУ)га тракторчилик йўналиши бўйича беш нафар синфдошларимга кизикиб кетиб қилганимда 7 сентябрь куни мени СПТУда ўзларини москвич 401 машиналарида Хайдаров домла билан мактабга олиб келишган.

Ҳар гал мактаб олдидан ўтар эканман, беиҳтиёр устозим кўз ўнгимда гавдаланадилар доимо дуоларида бўлганимиз шак-шубҳасиз. Бугунги кунда биз шогирдлар у кишини хакларига дуодамиз.

Тўрамирза Орипов Давлатобод туманидаги 90-мактабни 1977 йил битирувчиси

ЯШАСАК БУЛМАСМИ ОСУДА

Не сабаб урушлар дунёда,
Яшасак бўлмасми осуда.
Босдими ё ҳасад ё кибр,
Ё бўлиб қолганми барибир.
Қон тўкмокда қанча бегуноҳ,
Тармокларда ўзингиз гувоҳ.
Қорин тўяр бир бурда нонга,
Бўлганмисиз ё ташна қонга.
Нима учун қиламиз уруш,
Ер талашлар, бир бирин суриш.
Қаён боқмай инсон жасади,
Сабабчидир уруш лаънати.
Биз инсон зотимиз урушдан йироқ,
Бир бирин ўлдириш ярашмас бироқ.
Яратган эгамга қилмай итоат,

Шайтонга буйсиниб қилдик жиноят.

Осийлик кимларга бўлгайми мерос,

Қон тўкмоқ, разолат шайтонларга хос.

Мусаффо осмони остида яшаб,

Инсон бўл, ҳақиқий инсонларга мос.

Рус, поляк, украин бошига тушганда кулфат,

Ўзбегим нон, туз, уйла қилган марҳамат.

Исроил ўқ ила кўрсатар ўзин,

Фаластин халқининг очирмай кўзин.

Ўгайдек бир- бирин қирмоқда ҳайҳот,

Она ер онамиз аҳир солар дод.

Нечун ўлдирамиз бир биримизни,

Кавлашга эринмай қалб киримизни.

Бу уруш туфайли ҳайвонлар йиғлар,

Дараҳтлар илдизи қалбларни тиғлар.

Дод дея қақшаган гўдак ўлмоқда,

Одамзот не учун уруш қилмоқда.

Кобил ҳам Хобулни ўлдирган пайтлар,

Аллоҳдан қўркинг деб битилган байтлар.

Ҳобиллар зулмда, Қобиллар золим,

Аҳли донишлар хам сукутдадир жим.

Икки юрт жанг қилар кўринглар мана,

Тўрамирзо дилдан ташвишинг яна.

Тинчликни бузмоқда турлича сайтлар,

Оламни чулғаса нола, фарёдлар.

Сардорбекка

Бургут бўлгин сен болам,
Парвоз эт, отангдайин.
Чин ота ўғил бўлдинг,
Танилаябсан, кун сайин.

Ота изидан бординг,
Берган тузин оқлолдинг
Дўстим отанг Исломжон,
Ўз йўлинга из солдинг.

Хамза бобонг кўрганман,
Суҳбатида бўлганман.
Бўлганлар зўр муаллим,
Ёшларга берган таьлим.

Отангдан ўтиб кетгин,
Орзу, ўйингга етгин.
Сенга яхши тилагим,
Укам юксалиб кетгин.

Бир ўгитим, ёдда тут,
Қарға бўлолмас бургут.
Байроғимиз қўлда сен

Ҳилпиратиб баланд тут.
Отанг виждони ори,
"Келажак бунёдкори"
Юксак унвон муборак.
Парвозингдан зўр дарак.
Дўстим хам эди устоз,
Қаламиям эди соз.
Сардорбек омад тилай,
Қувончдан бугун йиғлай.
Қисқадир асли хаёт,
Отанг бугун, сендан шод.
Тўрамирзо бобонг бор,
Доим хизматга тайёр.

Киноларда довруғ сол,
Топганинг бўлсин халол.
Отаю онанг бирга,
Кириб юр тўқсон юзга.

ХИЗМАТДОШЛАРИМ

Масофамиз гоҳида олис,
Мақсадимиз лек тоза холис.

Фахр ила кўкрак керамиз,
Инсонларга ёрдам берамиз.

Дилда ғурур шижоат, чақин,
Юрак урар янада яқин.

Ёдимдасиз қадрдонларим,
Куткарувчи меҳрибонларим.

Кимдир ука, кимдир акамсиз,
Менинг учун, мудом, ибратсиз.

Қийин кунни бирга енганмиз,
Орден, медалларга эгамиз.

Кучли истак, кучли шаҳдимиз,
Халкимизни тинчи бахтимиз.

Ёдимдасиз қадрдонларим,
Куткарувчи меҳрибонларим.

ТЕРМИЗИЙЛАР

Сурхондарёга бориб
Термизни обод килган,
Халки давронни курдим.
Сурхоннинг асрагувчи

85

Нурни, зиёни курдим.
Улуғлар рухин шод этган,
Илми донишларни кўрдим.
Ватан деб жон фидо этган,
Ватанпарварни курдим.
Илм, аҳли, халк ноиби
Бурхон Рахматни курдим.

Халким дея сув келтирган,
Фарходларни курдим.
Халқим ичра ўз ўрни бор,
Бободехконни курдим.

Жануб куёшидек куйдирувчи,
Жанонларни курдим.
Фахрийсин улугловчи.
ФВВ ходимларини курдим.

Мехмондўст, қўлиочик,
Сурхон фарзандларини курдим.
Юрт обод, фаровон булсин деган,
Чин инсонларни курдим.

Қариндошмиз, ён қўшнимиз,
Деган афғонни кўрдим.
Тупроғин кўзга суртган,
Бободеҳконни кўрдим.

Жойи обод, руҳи шод,
Термизий боболарни кўрдим.
Дуо қил, Тўрамирзо,
Улуғлар ҳаққига деб билдим.

ҚИЗЛАР

Қани биз билган,
Хаёли қизлар.
Уятдан қизарган,
Иболи юзлар.
Киприк екилган,
Қош турар ҳайрон.
Семизлар ҳавасла,
Озмоқчи сарсон.
Ибо, ҳаё хайрон йиғлайди,
Кимлар билар, кимлар билмайди.
Суякка айланган,
Савлат йиғлайди.
Ўзлигин танимай,
Миллат йиғлайди.
Бу не хол екан,
Биров билмайди.
Қаерда у қизлар,
Биров билмайди.
Бошларидан тушмаган рўмоли,

87

Қаён кетди,

Қизларнинг хаёли.

Соч тушар еди,

Тиззадан пастга,

Қизлар соч ўстирган қасдма-қасдига.

Ўсма ўрнига краска бўёқ,

Қарасанг сунъий ҳозир ҳаммаёқ.

Адрас, атласдан тикилган либос,

Ўтмиш сарқитимиш кексаларга мос.

Ўз иффатин сақлаган қизлар,

Орқага қирқ кўкил ташлаган қизлар.

Лайли мисол мажнунни куйдирган,

Хатто кулин ишламай, суйдирган.

Қошга ўсмалар қўйишган қизлар,

Ерига рўмолча тўқиган қизлар.

Замон замондир фелимиз кетган,

Ҳаё, ибо кетган, андиша кетган.

Ўтган замон хаёл излайди,

Тўрамирзо дардга дармон излайди.

Тинчлик деб тилак тилайди,

Инсофлар сўраб кунда йиғлайди.

ТОНГ ХАВОСИ

Эрта туриб масжидга борганмисан?

Намозда Тангримга ёлборганмисиз?

Тонгнинг хавосин сиз, хеч сезганмисиз?
Саҳар туриб далалар кезганмисиз?

Шамоллар шифо эрур уйғоқларга,
Таьсир этмагай қалби мудроқларга.
Руҳий зўриқишлар кетгайдир нари,
Чарчоқлар танангдан кетади бари.

Ё уйкуни афзал куриб, сиз баднафс,
Улуғларга боқиб қилмасангиз, хавас.
Тингланг дўстларим, бўлинг феьли кенг,
Тонг дуоси ишларингни қилар ўнг.

Шифобахшдир тоза хаво хар нафас,
Шундай экан, дўстим этинг сиз хавас.
Дилинг пок, тилларинг зикрда бўлсин,
Қалбинг доим яхши фикрда бўлсин.

Ниятни пок айланг, асрагай Худо,
Шунинг чун доимо қилиб юринг дуо.
Азон чоғи қушлар сано айтганида,
Азон овозлари уйғотганида.

Тўрамирзо яратганга шукур де,
Вақт борида тиловат эт, тавба де.
Қалбинг баҳра олар ўқисангиз намоз,
Билмасанг айбмас, ўрганиб оз-оз.

ТАҢ АУАСЫ

Ерте тұрып,
мешітке барғанбысыз?
Намазда Жаббарға, жалбарғанбысыз?
Таң кәусарын,
сіз сірә сезгенбісіз?
Таңсіріде,
даланы кезгенбісіз?

Таң саумалы,
дүр шипа айықтырғыш.
Әсерлеумен санаңды
байып қылғыш.
Құтсыз рух атаулы,
кетеді ары,
Шаршаулар денеден,
безеді бәрі.
Ұйқыны берілмей,
тыйғын нәпсіңді,
Балбыраған дені,
бөбек жас сынды.
Ділің пәк, тілің тек,
зікірде болсын,
Қалбың әрқашан оң,
пікірде болсын.
Ниетті пәк маңды,

алқағай Құдай,
Сондықтан да әркез,
жасаңдар дұға.
Таңғы құстар сана,
айтқан шақтарда,
Азан дауыстары,
тұр деп жатқанда.
Ұлық Жаратқанға,
шүкірді айтқын,
Мешіттен айтумен,
зікірді қайтқын.
Қалбың рақаттанар,
оқыңыз намаз,
Білмесең айып жоқ,
үйренгін аз-аз...
Аударған Тойлыбай Қуаныш

ИККИ ЙУЛ

Жаннат тамон, қийналиб ўтасиз,
Қийин лекин сиз оҳир ютасиз.

Ушбу йўлакча торга ўхшайди,
Сиз етишмаган ёрга ўхшайди.

91

Бу бор йўлакдир, йўкдир ёлғони,
Бекордир менимча бари қолғони

Елғон дунёлар алдар, барчамиз,
Адашамиз билиб кўриб қанчамиз.

Савоб халатасининг, ости ҳам тешик,
Қаерда бор экан ҳақиқт эшик.

Тўлмайди тобора, солсак тўкилар.
Фаришталар иши, шу кун ўқилар.

Рақсга тушамиз яхши иш қилсак,
Ишимиз ўнг бўлар, дуолар қилсак.

Танамиз аъзолар бўлади гувоҳ.
Дўстларим дўзаҳда қилмайлик оҳ вoҳ.

Ёлғон дунёда савоблар қилинг,
Яшамоқ нимадир бир синов билинг.

Оппоқ ҳошияли сизники йўллак,
Дўст қидирманг Оллохдан бўлак.

Турамирзо бирни кийсанг, садақа қил,
Шу қоидага. доим амал қил.

Мен кандай мусулмонман

Калбимни кир, хасад босган,
Ибодатим Шайтон тўсган,
Қалбим кирдир, аё дўстлар,
Бисёр менда каму кўстлар.

Баҳс-у ғавғога берилиб,
Манманликлардан керилиб.
Ўзимни афзал билибман,
Билиб хатолар қилибман.

Менга ҳаққим берсалар бас,
Халолликдан ўқийман ваьз.
Манзил сўнггида татимас,
Мол, дунё асло арзимас.

Тавба йўқ, гуноҳ хисобсиз,
Қолдирмас, Тангрим жавобсиз.
Бесабр булмасам ахир,
Ёмонлик, қитмирлик жабр.

Қайдин билмам кибр, озор,
Яқинларим этдим безор.
Йўл соламан, масжид томон,
Хаёлларим ўйнар ғужон.

Иймоним суст, шайтон ҳамроҳ,
Биламан кўп, менда гунох.

Ибодатим кўз, кўз қилиб
Ўзимни зўр, танҳо билиб.

Менсимадим инсон зотин,
Ҳайрон қизим, ҳайрон хотин.
Тўрамирзо ўлмай туриб,
Оёқ, тилдан қолмай туриб.

Тавбалар қил, бор имконинг,
Тарк этмасдан тандан жонинг.
Кайга қочасан қабрдан,
Бошингга тушган жабрдан.

ҚОНАҚТАҒЫ ӘҢГІМЕ

Қонақ болдық Айжан қыздың үйінде,
Жүрген гүл боп, ғажайып бір күйінде.
Құрылтайда білдім Нышан ағамды,
Жылы сөзбен көтеретін бағамды.

Аға дейін десем мүлде сақал жоқ,
Жас баладай көңлі ақар-шақар тек.
Қылықтары бақсам құдды баладай,
Пәк болмысы жұпары мол лаладай.

Санжар ақын, жасы менің баламдай,
Әйтсе де ақылы дана бабамдай.
Жырлары тым ғажап ұйып тыңдасам,
Жаза алмас ем өзім солай шындасам.

Маған да бер даналықты Тәңірім,
Санжар сынды жазайын жыр тәуірін.
Жас болса да беріпсің мол шабытты,
Сілтеуменен жолына оң бағытты.

Нышан Әлі, ойыменен ағамдай,
Өйткені білдім жырынан бағамдай.
Бұл күндері көңілі жас ойласам,
Ондай жанмен мәңгілікке сыйласам.

Баян ханым, Марғұбалар жиында,
Болып кейін болдық Айжан үйінде.
Ағам Нышан отырды шын жадырап,
Сын айтумен сақалыма бағып ап.

Уа ағам-ау хош күй болсын сізбенен,
Сіздің хәлді жырлар болсын іздеген.
Жасым бүгін Пайғамбардың жасында,
Сақал қою сүннет болар расында.
Білгін достар Яссауилер бұл жаста,
Айналумен рухтарменен сырласқа.
Қылуетке түсіп сонда жасаған,
Жамандыққа болуменен қас адам.
Orpovturamirza
Қазақшалаған Тойлыбай Қуаныш

Мен қандай мұсылманмын?

Қалыбым кір, лайсаң басқан,
Ғибалдатым сайтан тосқан.
Кейіп мендік, лас достарым,
Бұл хәлімді аз қостарым.

Жөнсіз паң күйге беріліп,
Менмендік хәлде керіліп.

Өзімді абзал деп жүріппін,
Біліп қателер қылыппын.

Маған енді берсе мұрсат,
Адал уағыз айтам әр сәт.
Мезгілді дер әр арлы бас,
"Мол дәулетіңе арзымас".

Тәубе жоқ, күнә қисапсыз,
Хақ оны қоймас жауапсыз.
Сабырлы болмасам түбі,
Жамандықтың ауыр жүгі.

Қайдан білем зілді азар,
Жақынға бермедім маза.
Жол салам мешітке қарай,
Қиялмен шешем де солай.

Иман әлсіз, сайтан серік,
Кетемін күнаға еріп.
Ғибадатты мәнсіз қылып,
Өзімді өзім кемсіз біліп.

Менсінбедім адамзатты,
Қалды қатын, қыз таң қатты.
Төремырза өлмей тұрып,
Мол азапты көрмей шіріп.

Тәубаға кел, бар мүмкіндік,
Тәрк етпесін сені шындық.
Қайда қашпақсың қабірден?
Басыңа қонған жәбірден?
Козокчага Козокистонлик дустимиз,
Тойлыбай Куаныш таржима килибдилар

Аллохимни инояти билан Намангандаги уйимга ярим чақирим жойда, Ангрендаги уйимга 100 метр жойда янги масжидлар барпо этилмоқда, яқин кунларда шу масжидларда ибодат
қилишлик насиб этсин.

Тўрамирзо ушбу ёшида,
Яшар Оллох уйи қошида.

Масжид ила, уйим ёнма, ён,
Ошиқаман дилда ҳаяжон.

Инсон, нафсу ҳаво йулида,
Адашмаса бари кўлида

Беш маҳалдан кунда покланмоқ,
Ибодатни одат айламоқ.

Насиб этсин, ҳар бир бандага
Ҳамроҳ қилма, сен шармандага.

Нафсим устун келиб иймондан,
Кечар бўлсам, бир куни жондан.

Қуруқ қолсам, агар иймондан.
Нолисам гар, шундай замондан.

Тўрамирзо ўнгла ўзингни,
Ўйлаб сўзла айтар сўзингни.

Хисоб- чоғи, барчаси ошкор,
Зўрман дема ўтмайди бекор.

Шунинг учун айла ибодат,
Борлигида ҳозир имконият.

Асло бўлмоқчимасман ақл,
Фикр айланг, дўстим мустақил.

ФАРЗАНДЛАРИМГА

Угил, кизим тингла сузим,
Ибрат булай Сизга узим.

Барака истасанг Ҳақдан,
Саодат истасанг Ҳақдан,

Тонгда турмокни одат кил.
Доимо сен шунга интил.

Намоз вақт бўлганда бомдод,
Ибодати этгин одат.

Тонг саҳарда эшик очсанг,
Ёмон иллатлардан қочсанг.

Уйингга нур-зиё кирар,
Кунинга халоват кирар.

Саждага, қўйиб бошинг,
Ҳалолдан е луқма, ошинг.

Дуне ишини тарк этиб,
Илтижода ҳаққа етиб.

Май-у маст, фаҳш, кибрдан қоч,
Маърифатга томон юз оч,

Ота - рози, Худо рози,
Билсанг бор, тош, торози.

Ибодат қил, Илоҳий нур
Намоз қалбга берар ҳузур.

Ибодатни этма канда,
Биз бандамиз, осий банда.

ТУШИМДА

Келганмишсан бугун тушимда,
узр сураб турибсан йиглаб,
Унгимдаку утларга отдинг,
Хеч булмаса тинч куй тушимда.

ЎЗБЕК ОФИЦЕРЛАРИ

Ватан сарҳадларинг мустаҳкам,
Ўғлонларинг ҳушёру ўктам.

Кўзларида мардлик, жасорат
Юрагида севги, шижоат.

Улар Мангубердининг издоши,
Қўмондони юртнинг юртбоши.

Мустакил юрт офицерлари,
Ҳар жабҳада етукдир бари.

Харбий либос жуда ярашган,
Барча ҳавас билан қарашган.

Жисмонан ҳам соғлом бакувват
Ҳарбийларга бўлсин бахт, омад.

Мустақилсан жонажон Ватан!
Бугун дунё аҳли берди тан.

Мангуберди, Темир қони бор,
Устун номус, устун мудом ор.

Турамирзо туғилган Ватан,
Киндик қонининг тўкилган чаман.

Ғанимлардан асрагил Худо,
Керак бўлса, гар жоним фидо.

Аллохимни хадияси
(Турмуш уртогим Хадияхонга)

Аллохим хадияси,
Онажоним тухфаси,

Жуфти халолим менинг,
Юрагим йўқ шубҳаси.

Такдир йўлимиз боғлаб,
Ишқдан юрагим. доғлаб.

Сенга боғланиб қолдим,
Хаётдан ибрат олдим.

Бирга яшаб, қирқ йил
Ортда қолди, қанча йўл.

Қалбда ишқ, ёққан эдинг,
Онамга ёққан эдинг.

Борми мехрибон сендек,
Онам эди, онангдек.

Оёкларин ювардинг,
Хизматида бўлардинг.

Онам ёнида бўлиб,
Дуоларини олиб.

Менинг билан қолгансан,
Феълимга чидагансан.

Яркираган пешонам,
Сендан розидир онам.

Мендан эса билмадим.
Онам рози қилмадим.

Десам, онам куларлар,
Ишим кўпга йўйарлар.

Мийиқларида кулиб, Розиман деб қўярлар

Сенла умрим зиёда,
Яшаябмиз дунёда.

Ҳар жойга кўчиб юрдик,
Не, не юртларни кўрдик.

Ангренда сал, бир оз,

Сендан бўлди эьтироз.

Аёллардан қизғондинг,
Рашкинг ила қўзғолдинг.

Набираларни. куриб,
Биз бахтли хаёт куриб.

Бўлиб ёшларга ибрат,
Яшамоқ ҳам, билсанг бахт.

Чеваралар кўрайлик,
Давру-даврон сурайлик.

Ҳаётдаги Ҳадиям
Мехрибонимсан, эркам.

Тўрамирзо -бахтиёр,
Чунки, ёнимда сен бор!

ХАРБИЙЛАР
Юрагида олов бор,
Доимо сергак, ҳушёр.
Юртга йўлолмас душман,
Кўз тиккан бўлар пушмон.

Ватан учун тикар жон
Ортга қочмас, ҳеч қачон.
Унинг ҳамроҳи иймон,
Бурчига содиқ посбон.

Юрти учун кўкси тоғ,
Писанд эмас, дарё, тоғ.
Душманлари берар тан,
Чунки ягона Ватан.

Тўрамирзо боғла бел,
Сеники шу Ватан, эл

Жияним дехкон киз
Н О З И М Ага

Нозима киз, сулувларнинг нозисан,
Алпомишдек мард дехконнинг кизисан.
Кишми, езми мехнатни улуг билган,
Олтин кулли дехконларнинг кизисан.

Муштдек, муштдек кулупнайи агатда,
Урик, гилос, шафтолиси ардокда.
Бугдой ундан нон епади саватда,
Сахий калбли Миришкор фарзандисан.

Яхши кизлар махаллада колади,
Бу маколни хамма яхши билади.
Бу наклга амал амал килган яхшилар,
Кушни йигит уни ери булади.

Мехнат билан олкиш олган- халоватли,
Юзлари гул ширмоннондек тароватли.
Еш булсада икки нафар гул фарзандли,
Турамирзо дуо килар кароматли.

Турамирза Орипов ижоди, ЖАННАТИМ ВАТАН

Ватан хизматинга тайер турганман.
Керак булса жоним фидо қиламан.
Истамбулда туриб сени кумсайман.
Мангуберди порлоқ йулин тутгайман.
"Камчик" давонида хизматим килиб,
Бугун рохатини юрибман тотиб.
Тоғ ортидан кулган қуёшга бокиб,
Денгизда кемада. Тебраниб оқиб.
Дон сепаман Истанбулда қушларга,
Ҳамроҳ бўлиб орзуларга тушларга.
Менинг киндик коним тукилган ватан.

Соғинаман сени қайда бўлсам ҳам.
Янгиобод чўққингда қорларинг азиз,
Бу ерда тоғлар йўқ, гўзали денгиз.
Гар канотим бўлса кушдай учаман.
Ватан тупроғингни йиғлаб кучаман.
Тўрамирзо Ватан мадҳинг айтади,
Соғинган диёрин тезда қайтади
Турамирза Орипов ижоди, Истамбул
Шаҳар гўзал ажойиб, тоза
Инсонлари феьли оввоза.
Меҳрибондир кўрсанг бариси,
Хамма бирдек ёшу, қариси.
Атрофга боқ, масжидлар бисёр,
Ибодатга зўр шароит бор.
Султон Ахмад масжиди бордим.
Жума намоз ўқиб ёлбордим.
Асли мақсал китоб тақдимот,
Қизиқ, жумбоқ жудаям хаёт.
Шукр дейман сенга Оллохим,
Нилуфархон шерик ҳамроҳим.
Шеьрлар ёзар, олима қизлар,
Мусаввир ҳам мусиқачилар.
Диёрахон яна. Зулфизар,
Иккиси ҳам гўзал ижодкор.
Гўзал экан, жудаям денгиз,
Гўзалликда экан у тенгсиз.
Ўзбек таом ошхоналар кўп,

Ошпазларин қўли ширин хўп.
Сайёҳлар кўп, барча элатдан,
Дунё бўйлаб турфа миллатдан.

Истамбул

Шаҳар гўзал ажойиб, тоза
Инсонлари феьли оввоза.
Меҳрибондир кўрсанг бариси,
Хамма бирдек ёшу, қариси.

Атрофга боқ, масжидлар бисёр,
Ибодатга зўр шароит бор.
Султон Ахмад масжиди бордим.
Жума намоз ўқиб ёлбордим.

Асли мақсал китоб такдимот,
Қизиқ, жумбоқ жудаям хаёт.
Шукр дейман сенга Оллохим,
Нилуфархон шерик ҳамроҳим.

Шеьрлар ёзар, олима қизлар,
Мусаввир ҳам мусиқачилар.
Диёрахон яна Зулфизар,

Иккиси ҳам гўзал ижодкор.

Гўзал экан, жудаям денгиз,
Гўзалликда экан у тенгсиз.
Ўзбек таом ошхоналар кўп,
Ошпазларин кўли ширин хўп.

Сайёҳлар кўп, барча элатдан,
Дунё бўйлаб турфа миллатдан.
Кушларга бериб овкат, дон,
Барча борган, барча оламон.

Руҳ осуда, ором олар тан,
Қилиб турсанг мискинга, эҳсон.
Дуне кургин сен Тўрамирзо,
Завқлан яшаш қандайин мазза.

Т Ў Р А М И Р З О Г А

Тўрт тундирки, Тўрамирзо
Туркияда тунайди.
Тумонотда тақдимотда,
Туркийларни тинглайди.

Тўғрисида, томошабоп,

Туркиянинг табиати.
Тундликларни тузатади,
Такрорланмас таровати.

Табиати, тевараги
Туйғуларнинг тўриси.
Туркияда Тўрамирзо,
Тўраларнинг тўраси.

Туркиями, Тбилисми,
Тенглашолмас Тошкентга.
Тошкентимнинг тупроқлари
Теппа -- тенгдир тиллога.

Тўрт томонда тараққиётда
Тенгсиздирсан, Тошкентим.
Тинчликпарвар - тарғиботда.
Такдиримсан, Тошкентим.

Туршакла томоқландим,
Танамни танчага тиқиб.
Тўртликларни тугалладим,
"Те" ларни топганимча топиб.

Чексиз ҳурмат ва эҳтиром билан дўстингиз Қодирали Рахманов, Наманган туманидаги 27-умумтаълим мактаби математика фани ўқитувчиси.
07.01.2024 йил Якшанба Соат 20:57

ДУО ОЛГАНЛАР

Уйларида фаришта ёрдир,
Топганида барака бордир.

Яратган хар ишда мададкор,
Ота-она дуо қилса гар.

Хеч йўлидан адаштирмас
Ёмонларни ёндоштирмас.

Қайга борса ўнгдир ишлари,
Бўлмас, бошда ҳеч ташвишлари.

Душмани хам дуст булар, бир кун,
дуо олган ризқи ҳам бутун.

Чехранг - нурли, у кўзни олар,
Барча сендан, хўп бахра олар.

Юрган йули чаманзор, бўстон,
Босган изи, жаннат, гулистон.

Тупроқ олса, олтин бўлади,
Хаммадан ҳам, олдин бўлади.

Олган бўлса ота дуосин!
Олган бўлса, она дуосин!

Тўрамирзо билсанг юришлар,
Давралар тўрида бўдишлар.

Камлик кўрмас, дуо олганлар,
ўзларидан кўрсин, қолганлар.

16 январ 23.03.2023

СИНОВЛИ ДУНЕ

Туғилганим билди, билмади биров,
Дунёга келишим, онамга, синов.
Улғайиб хизматга борибман дарров
Бугун кексайибман сочимда қиров.

113

Уйландим угил, киз берди Худоим,
Аёлим оқила, яна мулойим.
Дардларингдан бериб синадинг,
Гоҳо азобларинг ила сийладинг.

Не-не офатларга бўлганда дучор,
Нолимадим асло яширин, ошкор.
Кулимда жон таслим килди, инсонлар,
Қанчасин қутқадик, қолган омонлар.

Касбим тақозоси, қилдинг имтиҳон,
Бўлмасин, кулфатлар, тинч бўлсин замон.
Сабрла яшадим, синовни енгиб,
Бандага бормадим, шукр бош эгиб.

Сабрни ўзимга дўст, билдим ҳамроҳ,
Сафдошларим шерик, ўшалар гувоҳ.
Мана бугун, менинг бордир давомчим
Фарзандим оқлагай албат ишончим.

Набиралар бердинг, шукр Аллоҳим,
Суянганим ўзинг, ўзинг панохим.
Фарқладим бирма, бир дўсту душманни,
Дўст тутмадим сира рақиб пушмонни.
Сабрни қўлидан тутиб яшадим,
Аламларим ичга, ютиб яшадим.
Шайтон махри ила синалдим, баьзан,

114

Шайтон дўст кўриниб, юрди ёнма-ён.
Бомдодга уйгонмай, ўқимай намоз,
Кибрга ҳам бироз берилганим рост.
Яратганга бугун тавбалар қилиб,
Кўп гунохлар қилдим билмайин, билиб.
Тўрамирзо бугун, саждада йиғлар,
қилган гуноҳлари бағрини тилар.
Яратганим бутун умидим сендан,
Машҳарда юз бурма сен асло мендан.

БИР ЁМОННИ УЧРАТМАДИМ

Хает йулим доим равон,
бир ёмонни учратмадим.
Атроф тўла гулу - райҳон,
Бир ёмонни учратмадим.

Кайга кирсам салом бериб,
Алик олар гӯзал қилиб.
Устозлару, шогирдларим,
Мирзо дейди хурмат қилиб,

Дўстлариму, бегоналар
Давраларнинг тўрин берар,
Хаёт йӯлим гузалликдир,
Бир ёмонни учратмадим.

115

Гоҳ қоқилиб, йиқилган чоғ,
Кўмак берар бегоналар.
Ҳар томоним зўр сайрбоғ,
Қушлар сайрар -тароналар.

Яёв юрсам йулларда уловларга олдилар,
Тўйлар   қилсам   икки   ёнда   белбоғлашиб
турдилар.
Уйлар курсам хашар деб,
Ғиштлар ташиб бердилар.

Бетоб бўлсам агарда,
Хар кун хабар олдилар
Хаёт йўлимда бир ёмонни учратмадим.
Хаёт йўлим маьнолидир,
Дўст билганим донолардир.

Нотўғри хаёл сурсам, ўнглашган.
Фикрини тўғри қил деб
Сўзларим тўғрилашган.
Хаёт йўлим ибрат бўлсин,
Фарзандларга, бу йўлимда,
Бир ёмонни учратмадим.
Ёмон бўлса,
Тўрамирзо ўзи ёмон,
Бир ёмонни учратмадим.

ТАНГРИМ БЕРГАНИНИ БАНДА ОЛОЛМАС

Тангрим берганини,
Банда ололмас.
Баьзилар ўзгармас
Ўзгара олмас.
Ишларинг юришса,
Такдиринг кулса,
Рақиблар ёнсаю,
Дўстларинг сўйса
Гумондан гуриллаб,
Ёнади биров,
Гўёки тандирга,
Ёқилган олов.
Аллоҳ берганини
Банда ололмас.
Дунёга ҳеч кимса,
Устун бўлолмас.
Жони чиқмокка шай,
Шодлансанг кўриб.
Яхши бўлар дейди
Кетсам ҳам ўлиб.
Танилсанг эл ичра,
Обрўинг ошиб,
Қолишар рақиблар,
Озгина шошиб.

Ўзин босолмас,
Кўрса савлатинг,
Хатоинг ахтарар,
Кўпайса нақдинг.
Аллоҳ берибди-да,
Демас ўлса ҳам,
Аҳтаргани мудом,
Сендан нуқсон, кам
Тиш қайрар ёнингда,
Тойишинг кутиб.
Оёққа турсада,
Қўлингдан тутиб.
Янги улов минсанг,
Айланмас тили,
Уларнинг бошқадир,
Мутлақо йўли.
Тўрамирзо, ҳасадмас,
Хаваслар қилгин,

ТАРБИЯ

Оталар ўрни бўлсин,
Барчага ибрат бўлсин.

Хою- хавас ўткинчи,

Тезда келиб, кетгувчи.

Оилага меҳр бер,
Донишмандлар шундай дер.

Оналарни асрайлик,
Севайлик авайлайлик.

Оналар. давомчидир,
Уларгамас барибир.

Болам оилам дейди,
Рўзғорин ғамин ейди.

Кўча одами эркак,
Уйида кам бўлар демак.

Аёл, қизда маьсулият,
Яшашмоқлик ўзи бахт.

Тўрамирзо сен роса,
Қилгин аввал хулоса.

Доимо ҳақман дема,
Рисқинг берар, ғам ема.

Аёл

Аллоҳим аёлни яратган маҳал,
Уни яратгандир гўзал, мукаммал.

Одам Атоимиз қавурғасидан,
Юрагига яқин, жой соҳасидан.

Эркакларга мехр беради аёл
Ҳар ишга улгурар, минг битта мисол.

Улар уй бекаси яна онадир,
Чарчоқлар, зерикиш ёт бегонадир.

Болага, эркакга аёл шарт, даркор,
Баьзида рафиқа, баьзан шифокор.

Оналар оёғи остида жаннат,
Аёлинг борлиги билсанг ўзи бахт.

Аёллар қўлида жаннат калити,
Онага фарзандлар борлиги бахти.

Аёлини қандай ҳурмат қиласан,
Қизинга куёвдан қайтар биласан.

Тўрамирзо сенга тилайин тўзим,
Аёллар муқаддас, охирги сўзим. .

ХИСОБОТ

Ҳар кун, хисобот олади виждон,
Қилган ишларингдан сен, менга ишон.

Хафадир, савобсиз ўткан кунлардан,
Розидир, албатта, гўзал кунлардан.

Ҳар куни одатлан бир савоб ишга,
Бел боғла, савобли юмуш қилишга.

Олиб қуёлмасанг, йўлдан бир тикон.
Кирмасин, дея муминларга ногохон.

Қутилиб бўларми қочиб ўлимдан,
Не келар ажал келса, қўлингдан.

Хар куни бир савоб ишни одат қилгин,
Ишлаб қол, охират ажал етган кун.

Хар куни беш махал хузурида тур,
Жамолин истасанг, барига улгур

Тунлари бўл - бедор, ўқи таҳажжуд,
Номоз савобидан нур олсин вужуд.

Ахли аёлларга, дунёю ҳирсга,
Эргашмагин асло шайтон, иблисга.

Талха Ибн Убайдуллохдан ибрат,
Тўрамирзо. Жаннат бўлсин, оҳират.

Тайёр тур

Бу кеча мен ўлибман,
Гулдек қуриб, сўлибман.
Атрофда шовқин сурон,
Уйда эмиш тўпалон.
Жоноза бўлиб ўтди,
Халқ сўнгги йўлга элтди.
Кўтаришиб тўрт ёндан,
Орқа, олдин томондан.
Қабристонга элтишди,
Шартта кўмиб қайтишди.
Бошланди савол, жавоб,
Мендан чиқмас сас, хитоб.
Мен ўзимни йуқотдим,
Қўрқандан дағ-дағ қотдим.
Қўрқма деди бир овоз,
Деди, борми эьтироз.
Билар эдинг ўлишинг,

122

Ва шу жойга келишинг.
Нечун тавба қилмадинг,
Ибодатни билмадинг.
Билсанг сенинг ҳар онинг,
Эдику имтиҳонинг.
Фойдаланиб қолмадинг,
Бундан сабоқ олмадинг.
Умр берилмас қайта
Билар эдинг албатта.
Кимга бўлолдинг ибрат,
Ким ортингдан, дер раҳмат
Қилдингми бир бор фикр,
Қилдингми дуо, шукр.
Мен сукутда эдим жим,
Ёрдамга келмас, ҳеч ким.
Ўзим оқлолмас эдим,
Адашибман кеч билдим.
Кечирарми Аллоҳим,
Кўпдир жуда гуноҳим.
Нафсимга қул бўлибман,
Савоб қилмай ўлибман.
Холим эди жуда танг,
Йиғлардим қилиб аттанг.
Ҳайрият экан тушим,
Ўзимга қайтди хушим.

Мен ўзимни билайин.

Ё раббий мен қандайман,
Сенга қандай қарайман.

Гуноҳим кўп биламан,
Билсам ҳамки қиламан.

Мен нафсимнинг асири,
Сезилмоқда таьсири.

Ҳеч ким, гапин олмадим,
Асло қулоқ солмадим.

Шайтонга бўлиб ошно,
Кўрсатдим хўп томошо.

Тўғрини, ўғри дедим,
Ҳамён ғамини едим.

Кириб нотўғри йўлга,
Қарадим, берса қўлга

Қийналмади ҳеч виждон,
Ўпқон эди жиғилдон.

Сира тавба қилмабман,

Гуноҳдан тийилмабман.

Тўрамирзо етар бас,
Яхшиларга эт хавас.

Кеч эмас, ибодатга,
Теран қара хаётга.

С А Б Р
(Оиласи тинч бўлмаган хожи акамизга ўзимизни оила номидан)

Мухаббатинг сўндими?
Бари тамом бўлдими?

Ўтиб қара, эллик йил,
Хали, ҳануз ёш кўнгил.

Аллох берган, мана бахт,
Теграмда саккиз фарзанд.

Холим қўйдинг сўрамай,
Хизматимга ярамай.

Ўзгардинг нечун кампир,

125

Нечун этарсан жабр.

Сўзларим келар малол,
Жавобинг тайёр дарҳол

Қовоғингдан ёғар қор,
Аввал эдик бахтиёр.

Сабабини билмайман,
Беркинволиб йиғлайман.
Фарзандларимни ўйлаб,
Узатиб яна уйлаб.

Энди хотин боқмайсан,
Дейсан энди ёқмайсан.
Дардларимни Ютаман,
Ўзгаришинг кутаман.

Юрагимга ботар тош,
Кўзларимдан тинмас ёш.
Тўрамирзо кўнасан,
Хўп де ўсиб, унасан.

Нухни эслаб сабр қил,
Бу ишларни синов бил.

БЎЛМА ДИЛОЗОР

Ким бўлсанг бўлгину
Бўлма дилозор.
Сенинг ҳам дилингни
Оғритгувчи бор.

Қилгин яхшиликлар
Ёмонликни кўй.
Юртимизда доим
Бўлсин, байрам, тўй.

Зулм қилсанг, зулм,
Саломга алик.
Кўполлик жавоби
Бўлар кўргулик.

Озор берсанг, кимга
Бор, албат, жавоб.
Шу сабаб барчага,
Кўп қилгин, савоб.

Рамазонда рўза тут,
Тилда бўлсин, шаҳодат.
Буни доим ёдда тут,
Муҳаммадга сен уммат.

Ҳаром луқма ема,
Бўлсин таҳорат.
Дини исломга
Қўйгин муҳаббат.

Гуноҳ ишдан тийил,
Кеч бўлмай туриб.
Ибодат қилиб ол,
То ҳаёт бўлиб.

Тўрамирзо, тингла,
Яқин оҳират.
Кўп қилсанг, тавба,
Ажри мукофот.

У М Р

Умрим ўтди баъзан шодлик, ғам билан.
Гоҳида тўкинлик, гоҳи кам билан.

Қалбим титраб кўнгилдагин битябман,
Умр ўтгач энди афсус этаябман.

Кимлардан қочдиму, кимга интилдим,
Билиб, билмай кўплаб хатолар қилдим.

Хаёт кимга асал, кимга қанд берган,
Гоҳида қўллаган, гоҳи панд берган.

Дўсту, ёрлар бугун арзон сотдилар,
Кераксиз буюмдек четга отдилар.

Инсонда бўларкан доим каму кўст,
Кимлар сенга эмас, амалингга дўст.

Хою, хавасларга берилиб жуда,
Вақтимни ўтказиб бекор, беҳуда.

Тўрамирзо кечикдинг қилмагин пушмон
Бефойда пушаймон, ўзингга душман.

РАМАЗОН

Осмонларда уйғоқ юлдузлар,
Ой хам нурин, аста сочмоқда

Муминлар рўзалар тутиб.
Дуоларга қўлин очмоқда.

Ибодатдан рохатланиб тан,
129

Покланмоқда жисму бадан хам.

Таровеҳда дуолар қилган,
хеч бандаки бўлмас асло кам.

Йилда бир бор берилар имкон,
Савоблар эт, фойдаланиб қол.

Яратганнинг сенга синови,
Ол керагин, аҳир сен инсон.

Саҳарликга уйғонмоқлик бахт,
Ифторликда жамоа билан.

Таровеҳлар ўқимоқ хам бахт,
Эҳсон қилинг, келганча қўлдан.

Қилсангиз гар, юракдан дуо,
Аниқ ажрин, бергувчи Худо.

Бир мискиннинг бошин силасанг,
Яратгандан дилдан сўрасанг.

Ҳаммасига ўзинсан гувоҳ,
Борокатин ўзинг кўрасан.

Бу ой улуғ, Рамазон ойи,
Асл банда, Жаннатдир жойи.

Тўрамирзо истасанг РАЙЁН бормоқ,
Масжидга шош кечикмай тезроқ.

ҚАДР КЕЧАСИДА

Масжидлар нурга тўлиб,
Малаклар шерик бўлиб,
Қалбимиз топса ҳузур,
Келиб Тангрига манзур.

Ўқилса таравеҳлар,
Зикр айтса, тасбеҳлар.
Қорилар қироати,
Оятлар тиловати.

Қалбимиз сукунати,
Жаннатнинг таровати.
Рамазон, ойи Султон,
Очилар етти осмон,

Кишанбанд бўлар шайтон,

Келганида Рамазон.
Саждададир бошимиз,
Кўздан оқар ёшимиз,

Синалгай бардошимиз,
Бирга кека, ёшимиз.
Тўкилади гуноҳлар,
Қилсак эҳсон, савоблар.

Такбир, тасбех, тиловат,
Дуолар хам ижобат
Кўнгил топгай халоват,
Дўстлар бўлсин саломат

Қадр кечадир бугун,
Қалбларда нурдир шу кун.
Яхши кеча минг ойдан,
Савоб ёғар, ҳар жойдан.

Дуода икки қўлим,
Тўрамирзо ҳақ ўлим.

Ассалому алайкум рахмат Сизга, илоҳим барчамизни ўтган ота-оналаримизни жойлари жаннатда бўлсин.

100 кирсангиз хам ота-оналар учун боласиз экан.

ОНАГИНАМ

(Хотира ва қадрлаш куни муносабати билан, меҳрибон онажоним Маҳбубахон Юсуф қизининг порлоқ хотирасига бағишлайман.)

Ёшлик қилиб билмай мехрингиз,
далаларда кезибман харгиз.

Бир ўрнига ўн бола боқиб,
Беланчаклар тебратдингиз.
Бағрингизда болалар боқиб,
Алла айтиб толпопук тақиб.
Барчасига меҳр улашиб,
Боқадингиз оч қолса шошиб.

Хатто келган, раҳбарлар ҳайрон,
Тинлар эди, аллангиз пинхон.
Боғча опа бўлган, номингиз,
Халол эди ошу нонингиз.
Болажонлар кирини ювиб,

Барчасига қараб, улгуриб.
Оқ ювиб, оқ тарагансиз сиз,
Барчага тенг, қарагансиз сиз.
Хид билмаслик эди боҳона
Сиз меҳрибон эдингиз она.

Ирганмасдан бирор боладан
Келмасдингиз асло даладан
Ўша гўдак, бугун бободир
Ёш қизчалар, эса момодир
Етмиш бола, боққансиз ёлғиз,
Фариштасиз, аёл эмас сиз.

Боғча бугун номингиз билан,
Фаолияти шонингиз билан.
Эслашарлар мангу ҳотира,
Ёдларидан чиқмагай сира.
Сиз қараган кечаги гўдак,
Тебратмоқда ўзи беланчак.
Момо бўлиб алла айтмоқда,
Қаранг замон, давр ўтмоқда.
Қуёш чиқмай борар эдингиз
Ўнлаб бола, қарар эдингиз.
Хаётга сиз кулиб боққансиз,
Барчага тенг, онам ёққансиз.

Сиз оғизда чайнаб берган нон,
Мангу меҳр, тўкин дастурхон.
Сизни ўша, гўдак ўғлингиз,
Тўрамирзо қилар дуонгиз.

Хамма гап, пок тоза ниятда,

Жойларингиз бўлсин жаннатда.
Вақти келиб, ўтганингдан сўнг,
Гар одамлар, эслашса бахтда.
Ҳадяхон ҳам боққан қизингиз,

Келинликка топган ўзингиз.
У ҳам босиб сизнинг изингиз,
Ёритмоқда, сизнинг юзингиз.

АРАФА КЕЧАСИ

Ўттиз кунки тақводаман,
Ибодатла рўзадаман.
Кунларим бўлиб сойим,
Тунларим эса қойим.

Ҳар амалим етмишга
Кўтарилар зўр ишга.
Беш вақт намоз жойида,
Ўқилди хўп, вақтида.

Нафсни тийиб овқатдан,
Тилим тийиб ғийбатдан,
Кўзни тийиб шаҳватдан,
Ҳам воз кечдим роҳатдан.

Кутиб қадр кечаси,
Ўқиб таробеҳ саждаси,
Тугаб раҳмат ойлиги,
Маррада мен - бандаси.

Ушбу арафа кечаси,
Ҳисобланар барчаси.
Тўрамирзо аллоҳдан,
Ажр кутар бандаси.

ҲАЙИТ МУБОРАК

Ўттиз кун, тақвода мустаҳкам,
Ибодатда рўзадор маҳкам.

Тилим, кўзим, нафсимни тийиб,
Шайтон кишанланганин билиб.

Кунлари сойим, тунлари қойим,
Қилдим ибодат, жойнамоз жойим.

Бир амалга, етмишта савоб
Оҳиратда этилар хисоб.

Иймоним сустлигини енгиб,
Тилим ёлғон, ғийбатдан тийиб.

Аллоҳ розилигини олмоққа,
Қалбга иймон, нурин солмоққа.

Намозни ҳеч, этмадим канда.
Ажри улуғ ўқиса банда.

Қадр кечасин интиқ пойлаб,
Иймон нурин дилимга жойлаб.

Райён дарвозаси жаннатда,
Гап кўп экан пок ибодатда.

Рўза тутмоқ савоби буюк
Рўза тутган бандаси суюк.

Қуръон ойи, маъфират ойи,
Рўзадорлар жаннатдир жойи.

Мукофотга умидвор мен ҳам,
Тўрамирзо асло ема ғам.

ТАВБА ҚИЛДИМ

Аллоҳ учун борим тўкиб сочаман,
Не қилсам янада   ҳузур топаман.
Ҳаддимдан ошганча югурдим елдим,
Эй Аллоҳ қошингга саждага келдим.
Дунё матоҳига ўралиб кетдим.
Дунё ёлғонлигин, тушуниб етдим.
Бойликнинг жилваси ялтироқ, сохта,
Ўйлабман   тириклик   ёлғончи
бахтда.
Орзу ва ҳаваслар ёлғончи туйғу,
Топай   деб   қанчалар   чекибман
қайғу.
Фойдасиз ўтказиб умримни қанча,
Савоб -у гуноҳни қилибман анча.
Қум устига қуриб, бахтдан тахтим,
Ютқизиб   қўйибман   асли
вақтимни.
Буюрган ҳукмингга лоқайдлик қилиб,
Ўтказдим умрни абадий билиб.
Англадим, хатойим, шу кунга келиб,
Пайғамбар ёшига қолгандим кириб.
Ихлос ҳам шунчаки, чала ибодат,
Жайнамоз устида қолмади тоқат.
Шукурсиз яшадим, қилмай қаноат.
Лек Аллоҳ кўп бахтни қилди иноят.

Бир мўмин кўнгилни обод қилолмай,
Жаннат сари йўлда олға боролмай.
Яшадим шайтоннинг чиқмай изидан,
Ҳар ким тиниб тинчисин ўғил қизидан.
Бойлигим ўғил-у – қизимга дедим,
Гоҳида ҳалолу, гоҳ ҳаром едим.
Одамлар кўзига қилдим эхсонлар
Қалбимга ўрнашди айрим нуқсонлар
Ёлғонлар тўқидим ўзим кўрсатиб,
Ёлғон мақтовларга дилиб ўргатиб
Ўзгани хаққидан қилмадим ҳазар.
Дунё дунё эмас ёлғончи бозор
Тўрамирзо, ё дунё амалига учдинг,
Кимга гул, кимгадир тиконни тутдинг
Вақт борлигида тавбалар қилгин,
Бу ёруғ дунёда карзларингузгин.
Эсингни борида этагинг ёпгин,
Жаннатнинг тўридан жойингни топгин.

МИСР

Насиб қилди бормоқлик,
Эхромларни кўрмоқлик.
Миср Эроми ажиб,
Мўъжизавий, ғаройиб.

Денгизи Мусога йўл,
Дуо этинг очиб кўл.
Фиръавн ғарқ денгизда,
Бу юрт гўзал тенгсизда.

Мусо Асоси илон,
Бўлган эди, бир замон.
Аллоҳ ла Тур тоғида,
Мусо суҳбат кўрган чоғда.

Боласин оқизиб Нилга,
Таваккал деб кўнгилга.
Фарзандларга қўрғон юрт,
Инсонлари бағри бут.

Аллоҳ хукми билан,
Пайғамбар мақом олган.
Мусо яшаган диёр,
Замин гўзал бетакрор.
Кабутарин почталион,
Қилганлар шу оламон.
Дунёда илк инсонга,
Либос яратган танга.
Ва баданни поклашга,
Доим тоза сақлашга.
Ўйлаб топган совун, мой

Эшитгансиз ҳойнаҳой.
Клапатра бошқарган,
Фиръавнлар яшаган
Дарё сувини ӯлчаган,
Асбобни яратишган.
Оҳ менинг заминдошим,
Олисдаги қондошим.

Тӯрамирзо ол, ибрат,
Эслашсалар сени бахт.

МИСР

Насиб қилди бормоқлик,
Миср эхромларни кӯриб хайратда бӯлдим.
Аллоҳ мӯжизаларига яна тан бердим.
Денгизи Мусога йӯл очган бу юрт.
Фиръавнни денгизга ғарқ қилган бу юрт.
Мусони асосин илонга айланиб,
Тур тоғида Аллоҳла сухбат қилган юрт.

Болани Нилга саватда таваккул оққизиб,
Онаю, болани боқий олган юрт.

Аллоҳим хукмила сақланган Мусо,
ва пайгамбарлик мақомин олган хам Мусо.

Кабутарга хат ташишни ӯргатиб,
Алоқани биринчи ӯрнатган бу юрт.

Дунёда биринчи бӯлиб инсонга,
либосни кийдирган бу юрт.
Инсон танасини поклиги учун,
совун ва юз мойи яратган бу юрт.

Саҳрои кабрда дарахт ӯстириб,
Одамларни динида ажратмаган бу юрт.

Осиё онага жаннат бӯлган башорат,
Клиапатра 22 йио бошқарган бу юрт.
Тарихда мухрланиб,
Аҳмад Ал Фарғоний бӯлиб Ӯзбекистондан,
Нилни асбоб ила ӯлчаган бу юрт.

Тӯрамирзо, ӯйлагин ободон,
Из қолдир, сен хам бӯлмагин нодон.

ХИВАЛИКЛАР

"Тоғ - тоғ билан учрашмас балки,
Лекин одам учрашар билки.
Хивада, мехрлар кӯрдим кӯп,
Зевар опамни онамдайин хӯп.
Онамдайин ӯзгача мехри,
Кӯзларининг бор эди сеҳри.

Меҳри менга жуда билинган
Оғзидаги нонни илинган.
Мабодо кечга қолсам ишдан,
Кетолмас эдилар ташвишдан.
Фарзандларим момоси бўлиб,
Ёшлардайин ғайратга тўлиб.
Муаззамхонга тухум баракни,
Ўргатган. рўзғор юритмакни.
Оҳиратга кетишдан аввал,
Чорлабдилар шом маҳал.
Охиратингиз обод бўлсин,
Қабирингиз нурларга тўлсин.
У томонга тез, тез чопганман
Хоразмда кўп дўст топганман.
Отабекдек кўнгли беғубор.
Улуғбек буюк тадбиркор.
Матёқуб Рўзмет ажойиб,
Меҳаткашу феъли ғаройиб.
Илхом ака Ахмедов гилам,
Зўр Хива услуби бирам.
Полвонназир эди беназир,
Давлатназир рухида ҳизр.
Омон қолган, Қувондиқ укам,
Халокатдан кўрмай ранж, алам.
Барчасин дейман эсласам,
Озод оғам тортмасдилар ғам.
Бугун келиб Ичан қалъага,

Полвон Махмуд юрга далага.
Хоразм халқига, бахт тилаб
Дуоларимда обдон йиғлаб.
Махмуд Замахшарийни хатто,
Араблар ҳам билган бехато.
Тўрамирзо туз еган юртинг,
Унутмагин инсоний бурчинг.

ХАТО ҚИЛДИМ

Улов олиб, чиройли уй кўрганимни,
Олам кезиб, кўрмаганим кўрганимни,
Истанбулда қушга овқат берганимни.
Дўстдан холин сўрамасдан хато қилдим.

Самолётда булут қучиб учганимни,
Кемаларда сувлар кечиб сузганимни.
Иссиқ қумда, ялангоёқ кезганимни,
Дўстдан холин сўрамасдан хато қилдим.

Чет элларда савдо -сотиқ қилганимни,
Аёлимга тилло тортиқ қилганимни.
Тансиқ -тансиқ таомларни еганимни,
Дўстдан ҳолин сўрамасдан хато қилдим.

Дунё масжидларида бўлганимни,

Кўз -кўз қилиб тармоқларга кўйганимни.
Истанбулда қушларга дон берганимни,
Дўстдан ҳолин сўрамасдан хато қилдим.

Кўнглимда бир кибр йўқдир, аммо бироқ,
Дунё кездим кўп айландим яқин йироқ.
Дарё кечдим кўп айланиб кездим қирғоқ,
Дўстдан холин сўрамасдан хато қилдим.

Хато бўлди манманликка кирдими ё,
билиб билмай гуноҳ қилдим бўлди риё.
Кимдадир бор кимдадир йўқ бир кам дунё.
Дўстдан ҳолин сўрамасдан хато қилдим.

Қалб кўзимни очди Аллоҳ тавба қилдим,
Андуҳ чекиб ўз теримни ўзим шилдим.
Гуноҳим кўп кечир Аллоҳ энди билдим,
Дўстдан ҳолин сўрамасдан хато қилдим.

Тўрамирза кўзин очдинг Қодир Аллоҳ,
Ҳар қадамда ўзинг бўлгин менга паноҳ.
Вақт борида гуноҳимдан этдинг огоҳ,
Дўстдан ҳолин сўрамасдан хато қилдим.

ЛОЛА

Янгиобод тоғлари гўзал ва нафис.
Юракда уйғонди, жўш уриб бир хис.

Тоғ қорлари эриб сойлар тўлмоқда.
Баҳорой ўлкамга мана келмоқда.

Булутлар остида очилган лола,
Ўзгача либосда бугун қир, дала.

Гулларнинг кўп бугун шайдоси,
Мен гўзалликнинг зўр мубталоси.

Гулларни сараси лола, лолажон.
Не учун бунчалар сенинг бағрин қон.

Бахорий покликнинг нафис гулисан,
Гулзор аро, билсанг гўзал ўзинсан.

Билинг қизил китоб ташкил қилинди
Тўрамирзо ишқи энди билинди.

БАХОР ЁМҒИРИ

146

Қуёш порлаб турган кундузи,
Бирдан ўзгариб ҳаво юзи.
Чор атрофни зулмат қоплади,
Булутлар ҳам қаҳрин тўплади.

Чор атрофни сув босди жала,
Зарар кўрди деҳқону ғалла.

Пок табиат сени булғадик,
Афсус, сени қадринг билмадик.

Сендан олдик қайтиб бермадик,
Сув Сойларинг асрай билмадик.

Огох этди зилзила, жала,
Мудроқ қалблар занг босган палла.

Бир кун бўлиб қиёмат, қойим,
Сўраса не деймиз Худоийм.

Не деб жавоб берурмиз шунда,
Хом сут эмган одамзот банда.

Неъматларга шукр қилмадик,
Табиатни асрай билмадик.

147

Ариқларга оқизиб ахлат,
Ўзимизга чорладик лаънат.

Тўрамирзо барчани чорла,
Табиатни авайлаб, асра.

Боғча опаларга!

Дам олиш кун болалар билмас,
Улар учун, асло қизиқмас.
Дейишади боғчага бораман,
Каттасиман мен ёлбораман.

Болаларга берганлар мехр,
Бу туғуда бор ажиб сехр.
Иссиқдир кенг, ёруғ хонамиз,
Устоз Хадияхон онамиз.

Хилолахон, Ўғилхон устоз,
Илм берар ёшларга хўп соз.
Қўшиқ куйлаб шеърлар айтамиз,
Кеч бўлганда уйга қайтамиз.

Таомлари жуда маззали,
Гўштли, ширин гоҳо жиззали.

Ошпазимиз Дилдора ая,
Кўп меҳрибон менга хамсоя.

Ухлаш вакти деб болажонлар,
Бериб ширчой ва кулча нонлар.
Ухлатишар эртаклар сўзлаб
Болажонлар оромин ўйлаб.

Муҳтарамхон устоз жонкуяр,
Болаларни жуда ҳам суяр.
Россияда ғамимзни еб,
Дадам юрар бизни боқай деб.

Сўзлашамиз ҳар куни оқшом,
Телефонда кўринар дадам.
Тўрамирзо бобомдек бўлай,
Мен ҳам ўсиб улайиб унай,

Қоронғуни фарқлаб зиёни,
Мен ҳам кезсам сирли дунёни.
Орзуларим жуда кўп катта,
Мен Генерал бўлгум албатта.
Ҳозирча лек, жажжи боламан,
Орзуларим ичра қоламан.

МЎМИННИ ҲАҚҚИ

Қандайин бахт, бўлмоқ чин Мўмин,
Юрасан шод эмин ва эркин.

Мўминни мўминда ҳаққи бор.
Буни хар ким билмоғи даркор.

Саломларга алик олинглар,
Катталарга қулоқ солинглар.

Табассумлар қилиб юринглар,
Хайр-эҳсон қилиб туринглар.

Қўшнининг ҳам сенда ҳаққи бор,
Касал бўлса бориб ол Ҳабар

Чин Мўминдан одобни ўрган,
Аллох чунки буни буюрган.

Хавас қилсанг беради Аллоҳ,
Хасад ёмон билсанг зўр гунох.

Унутмагин. ҳар онинг синов,
Кимдир билар билмайди биров.

Амал, мансаб келиб, кетгувчи,
Қўлдан, қўлга учиб ўтгувчи.

Тўрамирзо роҳатдир жонга
Зўр бер савоб яна эҳсонга

УРУШ ҲАҚИДА
(5 ёшли жондан азиз набирам-Муҳаммад Зоҳид тилидан).

Уруш нелигин билмасдим, ҳали,
Юртим гўзал тинчлик туфайли.

Болалигим шўҳ -шодон эди,
Ҳар бир ишда зўр -чаққон эди.

Катта бобом шунга тўппонча дерди,
Бир куни сўрасам изоҳлаб берди.

Катта бобом урушда бўлган,
Унинг даҳшатини ҳаётда кўрган.

Уй тўрида улар сурати,
Жилмайиб боқади сизга сийрати.

Кўкси тўла орден -медаллари бор,
Уларнинг ҳар бирин ўз тарихи бор.

Бобом қайтганлари бизга катта бахт,
Кўпларнинг ўрнига келган қорахат.

Яна кимлар қайтган, ишга яроқсиз.
Баъзилар, чўлоғу, ожиз, мадорсиз.

Бобом дерлар, уруш ёмонмиш,
У даврлар, оғир замонмиш.

Мен - бахтлиман, куним осуда,
Яшайман -тинч, оилам бағрида.

Тўрамирза дилдан қилади дуо,
Уруш бўлмасин, асра деб Худо.

ДЎСТ ҚАДРИ

Днепр соҳили – тумонат одам,
Жанг борар, тупроқдай беқадр одам.
Ватан шаъни учун бирлашганди рус,
Ўзбек, қозоқ, украину беларус.

Мамашариф – ўзбек юрти ўғлони.
Украин Михаил дўст-қадрдони.
Михаил дедики: "Ким жангда ўлса,
Тирик дўсти унинг номини олса."

Келишдилар Жангда кимдир ўлади,
Афсуски, Михаил ўлди тегиб ўқ,
Мамашариф аҳдга содиқ бўлади,
Дўстининг номин унутгани йўқ.

Михаил бўлди у, Мамашарифмас
Икки киши учун қилаверди жанг,
Берлингача борди ёвга басма-бас
Фашистнинг ҳолини қилиб қўйди танг.

Ғалаба байроғин кўтариб баланд,
Қаҳрамон унвонин олди "Михаил",
Гарчи ўзи ўзбек халқига фарзанд
Украинага ҳам фарзанд бўлди ул.

Михаил Олейник жаннат боғидан
Ўзбек "Михаил" га жилмайиб боқар,
Мамашариф йиғлаб дўстнинг доғида
Неча йилки, ҳижрон бағрини ёқар.

Тўрамирзо, чаққин дўстлик мағзини,
Ибрат бўлсин бу иш авлодларга ҳам,

Мамашариф – Михаилнинг наклини
Дўстлик туфайли тинч турибди олам!

МУҲАББАТ
Бир қарашда юракка,
Ўт ёқдику, муҳаббат.
Найза бўлиб қалбимга
Титратдику, муҳаббат.

Кўрмоққа, сенинг жамолинг,
Девонаман, муҳаббат.
Лол қолдирди тарифинг,
Ҳайронаман, муҳаббат.

Ишқ йўлида Зокирман,
Айланаман, муҳаббат.
Ақлу -хушда Мажнунман
Вайронаман, муҳаббат.

Ишқ қозонидан айланай,
Унда кўнгилни қайнатай.
Васлингга ўзимни тоблатай,
Жилодирсан, муҳаббат.

Ҳар тунлари бедорман,

Ишқ йўлида ночорман.
Оташингда куярман,
Қуёшимсан, муҳаббат.

Ишқ жомидан ичмоқ шароб,
Суҳбат қурмоқ менга сароб,
Шу сабабдан холим хароб,
Орзуимсан, муҳаббат.

Ишқинг билан ёндирма,
Кўз ёшим дарё қилма,
Тўрамирзони бетоб қилма,
Умидимсан, муҳаббат.

СУЯНГАНИМ

(Хожа Ахмад Яссавий ҳазратлари зиёратларда
"Дунёпараст ножинслардан бўйин товла,
бўйин товлаб дарё бўлиб тошдим мано")

Ёзган шеърим маснавий,
Хожа Ахмад Яссавий.
Суянганим Аллоҳим,
Биламан кўп гуноҳим.

Дунёпараст, молпараст,

Ўткинчи хо ю хавас.
"Иймон нима?" билмасдим,
Хеч ибодат қилмасдим.

Дил билан тасдиқдир, тил,
Шунинг чун, ибодат қил.
Дунё билсанг ўткинчи,
Аниқ ташлаб кетгувчи.

Суян ёлғиз Аллоҳга,
Ботмай тўлиқ гуноҳга.
Ёмон ишлардан тийил,
Тангримга кўнгил қўйгил.

Дунё ишлари ёлғон,
Ота, бобомдан қолғон.

Сендан ҳам, бир кун қолар,
Ишон рост, шундай бўлар.
Пайғамбар ёшидаман,
Ибодат бошидаман.

Энди билиб қуронни,
Билиб яхши, ёмонни.
Ё Раб! Менга раҳм эт,
Тўғри йўлга бошла эт.

Тўрамирзони чорла!
Ёд олсин, ўттиз пора.

Чумоли ҳақида
(ибратли ривоят)

Ўрмонда чумоли меҳнаткаш,
Қолганларнинг ишлари чалкаш.
Бирортаси ишлай демайди,
Қишнинг ғамин, ёзда емайди.

Ўйлаб, ўйлаб чумоли ишчан,
Очди катта ташкилот, дўкон.
Ҳайвонларда камайди ташвиш,
Чунки кўплар топишдилар иш.

Кўз тегмасин ишлар зўр борар,
Тайинланди қоровул, раҳбар.
Бошлиқ бўлди бунда Каламуш,
Ишлари лаш бари чаламуш.

Фақат келса кемирсам дейди,
Текин есам семирсам дейди.
Бош ҳисобчи Тулки сайланди
Дўкон хусусийга айланди.

Ишчиларда қолмади тоқат,
Юз ўгирди ташкилотдан бахт.
Чумолида ташвиш бошланди,
Барча ҳайвон унга ташланди.
Ҳам ишлашиб қарзга ботган,
Ҳайвонларнинг ташвиши ортган.
Юз ўгириб булардан омад,
Тугатилди охир ташкилот.
Катта эмиш жудаям зарар,
Бўлиши шарт кимдир жавобгар.
Ёмон ҳабар тарқалиб кетди,
Хатто ўрмон шоҳига етди.
Зудлик билан гуруҳ тузилди
Ўрмон тинчи бирдан бузилди.
Тайинланди тепадан бўри.
Тафтишчининг халоли зўри,
Каламушдан олиб у пора,
Чумолига кўрилди чора.
Чумолини айбдор санаб,
Қутулишди охири қамаб.

МУШТОҚМАН

Хожа Ахмад Яссавий ҳазратлари зиёратлардан кейин.

"Дунёпараст ножинслардан бўйин товла,
бўйин товлаб дарё бўлиб тошдим мано"

Дунёпараст ножинсларга кўнгил боғлаб,
Қалбим музлаб дарё бўлиб тошдим мано.
Иймон нима? Эътиқодни билмай туриб,
Кибр билан ўз хаддимдан ошдим мано.
Дил тасдиғин, тилда баён этмоқ мушкул,
Рухим фалаж, бемаънолар бўлдим мано.
Мен нотавон такрор-такрор қилдим куфр,
Разолатни кўчасида, кездим гадо.
Ёлғиз Аллоҳ мажрух дилга солгин назар,
Чин иймон неъматини қилгин ато.
Ёмон ишлар, гуноҳлардан қилай хазар,
Жойнамозга бошим қўйиб ёндим мано.
Бу дунёнинг матохлари рўё асли,
Охиратнинг жавобидан дилим пора.
Кун келади тугаб борар умр фасли,
Савобларсиз мантиқ излаб юрдим мано.
Яссавийнинг авлодиман ўхшамаган,
Қодирийга қалқон бўлиб турмоқ шараф.
Сўқир кўзим хиёнатда ёшланмаган,
Аждодига номуносиб бўлдим мано.
Қусур кўнглим қиёматга тайёрмикин.
Арзигули хеч нарса йўқ бисотимда.

159

Ӯз ӯқини тополмаган сайёрмикин.
Хар тарафга сочилган нур бӯлдим мано
Навоийнинг Хамсасига хайрат жоним.
Лайли, Мажнун қисматини кӯрдим ёниб,
Дилимдагин сайраб берсин шу забоним,
Булбул бӯлиб куйламоққа кӯндим мано.
Кӯнгил қасрим қадрламай қилса вайрон,
Ӯч олмоққа шайланган бир камон бӯлдим.
Аллоҳ учун диёнатни кӯлин тутган.
Манзил аниқ юриб борар карвон бӯлдим.
Ё Раб лутфинг билан дилим чоғла,
Тӯрамирзо гуноҳларин мағфират айла.
Гул руҳини жаннатларга ӯзинг боғла.
Хузурингда муштоқ азал бӯлдим мано.

23:39. 14.05.2024. Тӯрамирзо Орипов

ӮЗБЕК ОИЛАСИ

Хар тонг эрта азон туришар,
Сув сепиб уй супуришар.

Иш қилишар, ӯзбекларга хос,

Фаришталар килишар хавас.

Қалби гӯзал, кибрдан нари,
Мехнаткашдир буларнинг бари.

Эрта тонгдан далага чопар,
Кирин ювиб, нонини ёпар.

Шунақадир ўзбек аёли,
рўзғорида доим хаёли.

Чарчасаям нолимас сира,
Чин ўзбеклар шунақа жўра.

Сўзи мухим, оила бошини,
Тайёрлайди нону, ошини.

Болам дея яшайди ўзбек,
Бўлолмайди ҳеч элат биздек.

Гоҳо булар яхши, ёмон кун,
Нолишмайди бўлсаям юпун.

Фарзандлари одобли, танти
Оиласин хурмати бахти.

Эркаклар бош оила, уйда,

Хатто бозор, кўча кўйда.

Мухаммад Расулуллох (С.А.В) га саломлар бўлсин

Оламга эзгулик, урғин сочгансиз,
Дунёда, Исломга эшик очгансиз.

Яратганнинг ишонгани Расули,
Мусулмонлар оламининг маьсули.

Умматим деб ҳар нафасда ёнгансиз,
Яратгандан вакил бўлиб келгансиз.

Илм-у, маърифатда мўьжиза тенгсиз,
Оллох каломини, олиб келгансиз.

Сўнгги пайғамбарсиз, Тангрим йўллаган
Сизга эргашганнинг, ўзи қўллаган.

Аллоҳим деб, доим такрорлаб зикр
Диндошлар дилига солдингиз хузур

Фитратида сири бор, сўзида сехри,

162

Умматни малҳами, қалбининг нури

Йўлимиз ёритган, сўнмас машъали,
Дуолар ижобат. Сизлар туфайли

Тўрамирзо йиғлаб қилар илтижо,
Гуноҳларим кечир, авф этгин Худо.

АЛЛОҲ ГЎЗАЛ

Қувалашиб кунлар ўтди, тунлар ўтди,
Секин-аста ойлар ўтди, йиллар ўтди.
Ўртамизда ҳис-туйғулар пинҳон ўтди,
Аллоҳ гўзал, Аллоҳ гўзал.

Сенга бўлган муҳаббатим, ортиб борар,
Зулм қилсанг, бардошларим тугаб борар,
Сен туфайли охиратим, гўзал бўлар
Аллоҳ гўзал, Аллоҳ гўзал.

Ўтаётган менинг куним, туним гўзал,
Япроқларни титратгувчи шамол гўзал.
Ишқ -вафони ҳадя қилган Аллоҳ гўзал.
Аллоҳ гўзал, Аллоҳ гўзал.

Парилардан гўзал бўлган ўзинг гўзал,
Ибо ила жон олгувчи кулгинг гўзал.
Сен бор экан, ўтаётган куним гўзал,
Аллоҳ гўзал, Аллоҳ гўзал.

Ширин -шакар фарзанд берган ўзинг гўзал,
Набиралар ҳадя қилган Аллоҳ гўзал.
Расулини бизга берган Аллоҳ гўзал.
Аллоҳ гўзал.

Аёлини омонат билган эрлар гўзал,
Эрларини рози қилган аёл гўзал.
Тўрамирзо яшайвергин саодатда,
Аллоҳ гўзал, Аллоҳ гўзал.

ТАВБА ҚИЛДИМ

Ўзингнинг розилигинг қачон топаман,
Яна нималар қилсам ҳузур топаман.

Хаддан ошгунча, нелар кўрмадим.
Ўзингни йўлингдек тўғри йул топмадим,

Дунё матохига берилиб кетдим.
Дунё ёлғонлигин, тушуниб етдим.

Дунёнинг жилваси ялтироқ, сохта,

Ўйлабман тириклик ёлғончи бахтда.

Орзу-ю, ҳаваслар ёлғончи туйғу,
Топай деб қанчалар чекибман қайғу.

Фойдасиз ўтказиб умримни анча,
ёлғончи дунёда орзу хавасда.

Қум устига қуриб, қаср тахтимни,
Ютқизиб қўйибман асл бахтимни.

Буюрган хукминга лоқайдлик қилиб,
Юрибман умрни абадий билиб,

Англадим хатойим бугунга келиб,
Расулинг дунёни тарк этган ёшига кириб.

Ихлосда тоқат йўқ, чала ибодат,
Жойнамоз устида бўлмади тоқат.

Шукурсиз яшадим, қилмай қаноат.
Ўзингни йўлингдай, хақ йўл топмадим.

Бир мумин кўнгилни обод қилолмай,
Охират дардида ихлосла ёнмай,

Яшадим шайтоннинг изнидан чиқмай.

Ушлаган неки бор ўзимга дедим,

Йиғайин ўғилу – қизимга дедим,
Гоҳида ҳалолу, гоҳ ҳаром едим.

Одамлар кўрсинга эхсонлар қилдим,
Қилган ибодатим, Кўз-кўзлар қилдим.

Ёлғонлар тўкидим ўзим кўрсатиб,
Ёлғон мақтовларга учиб товланиб.

Ўзгани хаққидан қилмайин хазар.
Оҳиратни унутиб, дунёни билибман бозор

Тўрамирзо, ёлғон дунё амалига учдинг,
Кимга тикон, кимга гулларни тутдинг,

Вақт борлигида тавбалар қилгин,
Бу ёруғ дунёда карзларинг узгин.

22:27. 12.04.2024

ЎЗИМГА НАСИҲАТ

Ўтганларнинг руҳин асло қийнамангиз,
Нелар ўтган бошларидан билмагайсиз.

166

Ҳисобини ўлчагувчи аллоҳим бор,
Савоб ишлар қилган балки, билмагайсиз.

Ўтганларни ғийбат қилиб гуноҳ қилманг,
Сўнг уларнинг гуноҳига шерик бўлманг.
Ўликнимас, тирикликда ўзни ўйланг,
У дунёда кўрсатолмай пушмон қилманг.

Бизларнинг ҳам маконимиз ўша жойдир.
Дунё ўзи кимга кенгу, кимга тордир.
Камчиликмас, яхшилигин эсласангиз,
Аллоҳимнинг ҳадяси ҳам сизга бордир.

Нелар қилиш керак, дея ўйга толгин,
Парвадигор, йўл кўрсатиб, дилга солгин.
Тўрамирзо айбинг тўла, ортингга боқ,
Вақт борида савоблардан олиб қолгин.
01:25. 18.06.2024

Printed in the USA
CPSIA information can be obtained
at www.ICGtesting.com
LVHW011419300824
789715LV00011B/227

9 789358 723489